opus magnum – edition amici

Bibliografische Information der Deutschen Nationalbibliothek
Die Deutsche Nationalbibliothek verzeichnet diese Publikation in der Deutschen Nationalbibliografie; detaillierte bibliografische Daten sind im Internet über http://dnb.d-nb.de abrufbar.

Version 1.01
Umschlaggestaltung, Grafik und Layout: Helmut Landwehr, unter Verwendung einer Zeichnung und elf Szenenbildern von Sylvia Wanke (Fotos: Wilhelm Lattewitz) und des Plakats der Uraufführung (Gestaltung: Nora Landwehr und Wolfgang Eisele)
Herstellung: Book on Demand GmbH. Norderstedt

ISBN 13: 978-3-939322-93-1

Helmut Landwehr

Über Heines Romanzero

Zwei Theaterstücke

Edition Amici

romanzero.disparates

Szenografie: Sylvia Wanke

Regie: Horst-J. Lonius

Darsteller:

Robert Atzlinger

Miriam Paul

Yana Novakova

Uwe-Peter Spinnner

Fotos: Wilhelm Lattewitz

Inhaltsverzeichnis

romanzero.disparates

Heines Romanzero
Bilder und Stimmen aus der Matratzengruft

Vorwort

Was geht im Kopf eines Dichters vor sich, der im Nachwort seines letzten großen lyrischen Werkes: „Romanzero" schreibt, sein Leib sei „in die Krümpe" gegangen, „dass schier nichts übrig geblieben ist als die Stimme", der sein Bett „meine Matratzengruft zu Paris" nennt, das ihn an „das tönende Grab des Zauberers Merlinus" erinnere?

Die innere Welt Heines wird zur Bühne, wenn er – nach höchstens 4 Stunden durch Morphium erzwungenem Schlaf – in nächtlicher Wachheit seine unerträglichen Schmerzen mit der Kraft seiner Phantasie bekämpft: mit Versen, die „wie Zauberweisen meine Schmerzen kirren" (so schreibt er an Campe 1849). Auf dieser Bühne oder „Arena" werden wie im Zirkus Nummern aufgeführt mit Geschichten, welche Heine in diesem Moment erinnert, bearbeitet, erfindet, verändert. Es sind subtil konstruierte Bilder, die seinem inneren Auge – und damit dem Zuschauer – sichtbar werden, die Zirkusdirektor Heine in seiner Vorstellung ankündigt und die er mit Hilfe seine Frauen lebendig werden lässt: Mit solcher „Aktivbetäubung" besetzt er die Schmerzzentren seines Gehirns; da er keine männliche Bedienung ertragen kann, wird er nur von Frauen umsorgt, die ihm helfen, die „Nummern" seiner Zirkusvorstellung artistisch, also Figuren spielend, in Szene zu setzen, allerdings nicht nur die Frauen der „Matratzengruft", Mathilde und die Mouche (die als Figurenspielerinnen auftreten), sondern auch zahlreiche Frauen seiner Lebensgeschichte, die in seinen Träumen immer wieder auftauchen – wie das rote Sefchen der Kindheit, wie seine Jugendliebe Amalie, wie Fürstin Belgiogioso, wie George Sand u.a., zusammengefasst in der Gestalt einer Schauspielerin, die vor allem in den Texten deren Stimmen hören lässt. Natürlich weiß niemand, was in diesem Dichter damals wirklich vor sich ging, doch – eng orientiert an den Romanzen, die er in dieser Zeit verfasst, erinnert oder neu aufgegriffen und verändert hat (enthalten im „Romanzero“) – es lässt sich erschließen, ahnen oder glaubhaft annehmen, was da hätte stattfinden können.

Auch er selbst ist in diesen Wachträumen ein anderer, ein lebendig agierender „Geist“, dessen sich aber sein leidender Körper immer wieder bemächtigt und sich einmischt mit grausamen Schmerzen, die seine „Produktion“ unterbrechen, die ihn zu verführen drohen, zu dem Fläschchen mit dem tödlichen Gift zu greifen, das stets in erreichbarer Nähe steht.

Schließlich tauchen in diesen nächtlichen klaren, niemals wirren oder dunklen Gedanken auch Erinnerungen auf an Menschen, gegen die er in den ca. 40 Jahren seiner dichterischen Tätigkeit zu kämpfen hatte: Feinde seiner politischen Bestrebungen in allen möglichen Parteien – aristokratisch reaktionären (Metternich), nationalistischen und judenfeindlichen (wie der Stuttgarter Literaturpapst Wolfgang Menzel), auch liberalen und republikanischen Richtungen (wie Ludwig Börne, der die bis in unsere Gegenwart Heines Ansehen schädigende Formel „ein Talent, doch kein Charakter“ erfunden und verbreitet hat) –, namenlose Spitzel, die seine Pläne aushorchen und seine Kontakte kennen wollen und die sich in Kreisen deutscher Emigranten bewegten, aber auch „Freunde“, die nicht verstehen, dass er andere

Wege einschlägt als sie selbst (Weerth, Herwegh), auf dem Literaturmarkt mit ihm konkurrierende Dichter (etwa Platen), auch Komponisten (Liszt, Wagner) und Maler, selbst sein Verleger Campe. Über solche Erinnerungen hinaus sind künftige Denunzianten, die das Ansehen des Dichters massiv bekämpfen (wie Heinrich von Treitschke), und heutige Rezipienten, die bis in die Heinejahre 1997 und 2006 versuchen, seine Wirkung einzugrenzen, ihn als bloß witzigen Erfinder von Bonmots zu verharmlosen, als Romantiker zu vermarkten oder ihn für eigene Ziele zu vereinnahmen, Antipoden in der „Vorstellung", gegen die unser „anderer" Heine radikal und prophetisch, subversiv und raffiniert, frech und entlarvend Romanzenverse von seltener Schönheit setzt, eine Sammlung in drei Zyklen, die noch immer kaum bekannt ist und doch zum Besten gehört, was in deutscher Sprache je veröffentlicht wurde.

Der männliche Gegenpart zu Heine – die oben genannten Gegner und weitere in seiner Person vereinigend – agiert in und zwischen den Geschichten: kritisierend, fragend, spöttisch zitierend, störend unterbrechend, provozierend usw. – ein mephistophelischer Dialogpartner, der auch handgreiflich wird und in die vom Direktor gestalteten „Zirkusnummern" eingebunden wird, sodass er gegen seinen Willen (?) zentrale Rollen (wie die des lügnerischen Erzählers, des „Marranen" – siehe Klaus Briegleb „An den Wassern Babels", 1997) spielt.

Die Gegenstände seiner Zirkusvorstellung, die Themen und Inhalte sind so vielfältig wie die Geschichten des „Romanzero":

- Da ist „Das Schlachtfeld bei Hastings“, eine romantische Geschichte, die die Verklärung des Krieges zitiert und reportagehaft demaskiert. Geschichtsklitterung durch Literatur und Denkmalpolitik sowie Medienkritik u.a. sind Inhalte der Inszenierung.

- Da ist „Der weiße Elefant“, eine exotisch heitere, ja komische Erzählung, die sowohl dem Genuss an Darstellung orientalischer Liebessehnsucht entgegenkommt als auch sich über klassische Dichtung (Goethe) in kunstvollen Anspielungen lustig macht und zugleich den Kolonialismus europäischer Staaten (hier den französischen) decouvriert, der in der Mitte des 19. Jahrhunderts einen Höhepunkt erreicht hatte und bis heute im Zeitalter der Globalisierung aktuell ist (beispielsweise in einem Soldatenlied, das in der deutschen Bundeswehr gesungen wird: „Schwer mit den Schätzen des Orients beladen ziehet ein Schifflein am Horizont dahin – links zwei drei vier!“)

- Weitere Geschichten beziehen sich auf Fragen der Religion, der Liebe, der Wirkung und „Verpackung“ von Literatur (welche Konsequenzen zieht der Dichter aus der Erfahrung seiner Erfolge und Misserfolge mit Literatur nach dem Scheitern der Revolution von 1848?) u. a. Fragen von brennender Aktualität.

Im Mittelpunkt des Stückes und der Inszenierung stehen also die mithilfe des Objekt- und Figurentheaters hervorgebrachten Bilder der Romanzen in einem Spannungsfeld zu den von Heine suchend gesprochenen, geseufzten, mühevoll herausgewürgten, aber auch zornig geschrienen und stolz deklamierten Texten, von den anderen Darstellern auf der Bühne rezitiert, gesungen, vorgelesen, nachgeplappert usw. – alles umrahmt, durchbrochen und kommentiert von Dialogen.

Programmheft der Aufführung 2007 (Auszug)

Im Mai 1848 bricht **Heinrich Heine**, wie er im „Nachwort zum Romanzero“ schreibt, im Louvre fast zusammen und liegt lange zu den Füßen der Statue der Venus von Milo, die mitleidig auf ihn herab geschaut habe, „als wollte sie sagen: siehst du denn nicht, dass ich keine Arme habe und also nicht helfen kann?“ Seitdem sei er in der „Matratzengruft“ zu einem „spiritualistischen Skelett abgemagert, das jetzt seiner gänzlichen Auflösung entgegenharrt“.

Den **„Romanzero“**, die „dritte Säule“ seines lyrischen Ruhmes, verfasst der Dichter zum großen Teil zwischen 1849 und 1851. In seinen drei Teilen „Historien“, „Lamentationen“ und „Hebräische Melodien“ setzt sich Heine mit Weltgeschichte, mit seiner eigenen Situation als sterbender Schriftsteller, mit Geschichte und Zukunft jüdischer Existenz, mit der Möglichkeit von Kunst in der Moderne und anderen, auch heute noch aktuellen und offenen Fragen auseinander.

Um **„Disparates“** handelt es sich im ganzen „Romanzero“: Nichtzusammenpassendes, also beispielsweise Anachronistisches, Ungereimtes im übertragenen Sinn, Rätselhaftes, auch Verschwiegenes, das nur dadurch vorkommt, dass es nicht erwähnt wird, Geheimnisvolles, das kaum oder gar nicht zu erschließen ist. **„Disparates“** ist aber auch der Titel eines Radierzyklus des spanischen Malers Francisco Goya, der wie Fledermäuse durch die Luft fliegende Menschen zeichnet und andere surreale Gestalten wie z. B. ein tanzendes Ungeheuer – manchen erscheinen sie wie prophetische Kennzeichnungen ungeheuerlicher Vorgänge einer fernen Zukunft, gerade darin mit Heines Romanzenzyklus vergleichbar, wie der Dichter des „Romanzero“ eine Vielzahl von Quellen benutzt, indem er aus ihnen zitiert, sie neu arrangiert, über Zeiten und Räume hinweg montiert – was beim ersten Lesen unpassend erscheint und sich erst bei näherem Hinsehen als schlüssig erweist – und so Personen und Ereignisse vorführt, so werden in „romanzero.disparates“ verschiedene **Quellen** benutzt und in die frei erfundene szenische Darstellung eingefügt.

Seine Frau Augustine Crescence Mirat (1815 -1883) nennt er **Mathilde.** Um ihr Dasein, das unweigerlich sein Leben um viele Jahre überdauern wird, macht er sich noch im Sterben größte Sorgen. Er hat eine enge Gefühlsbindung zu ihr, die alle Streitereien und Eifersüchteleien nicht lösen konnten, und er geht mit ihr nicht nur eine Lebenspartnerschaft ein, sondern schließt 1841 mit ihr die Ehe nach katholischem Ritus. Die Pflege, die Mathilde, unterstützt von ihrer Freundin Pauline und anderen Pflegekräften, ihm angedeihen lässt, kann so schlecht nicht gewesen sein. Sonst hätte er nicht immer so positiv über sie berichtet und über sie so liebevoll geschrieben. Seinen Arzt hat sie verprügelt, als er sie ermahnte, ihren Gatten besser zu pflegen.

Mathildes Papagei Coquotte und die vielen (angeblich um die hundert) Kanarienvögel, die sie – der Zeit gemäß – wohl in einem dunklen Schrank in „Einzelhaft“ hielt, um ihnen mithilfe eines mechanischen Vogels das Singen beizubringen, waren für den lärmempfindlichen Ehemann eher eine Qual als eine Lust. Eine Qual war es sicher für die **Vögel**, das

Singen zu erlernen, und Mathildes Spleen, sich dem ursprünglich adligen, später dann auch bei begüterten Bürgern verbreiteten Luxus hinzugeben, hatte nichts mit Tierliebe, eher mit ihrer Lust zu tun, zu konsumieren und zu flanieren, einzukaufen und sich teure Gegenstände zu leisten.

Elise Krinitz wird geboren 1825 als Johanna Christiana Müller, der Name wird geändert in Emilie Adolphine Elise. Sie wird von ihrem verwitweten Vater nach der Geburt zur Adotion freigegeben; ihre Pflegeeltern sind Emilie und Adolphe Krinitz, Aufenthaltsort Paris. Sie nennt sich u.a. Margot von Gérard, hält ihre Herkunft geheim (vermutet wurde Prag, wirklich stimmt: Belgern bei Torgau), ist 1847 eine Liebschaft von Heines Freund Meißner, flüchtet aus einer Irrenanstalt in England um 1853 vor ihrem (unbekannten) Ehemann oder wird von ihm verstoßen. Schließlich wird sie 1855/56 die letzte Geliebte Heines; sie besucht ihn 8 Monate lang fast täglich bis zu seinem Tod. 4 Jahrzehnte lebt sie noch mit den Erinnerungen an diese Zeit. Die 25 Briefe, die Heine an seine **Mouche** (nach der Fliege, mit der sie ihre Briefe versiegelt) schreibt, sind „ein kleines Poem einer großen Liebe“ (Lew Kopelew). Als Camille Selden ist sie später eine berühmte Schriftstellerin, schreibt 1884 das Buch „Heinrich Heines letzte Tage“, arbeitet noch als Lehrerin in Rouen, stirbt 1896 und ist begraben in Orsay.

In Hamburg die Kusine Amalie, **Molly**, die Tochter des Bankiers Salomon Heine, Heines Onkel, bleibt ihm, dem mittellosen Dichter, dem Sohn des Bankrotteurs, der vom Onkel sein Leben lang finanziell unterstützt wird, verwehrt, ebenso seine erste

Liebe, Josefa Goch, noch in Düsseldorf: das rote **Sefchen**, die Tochter des Scharfrichters, aus der Gesellschaft ausgestoßen wegen ihrer Herkunft und darin dem Judenkind Harry Heine verwandt.

„Börne“, Radikaldemokrat, Jakobiner: Literatur muss politisch direkt eingreifen: wie eine Rede, ein Flugblatt oder ein Zeitungsartikel engagiert sie sich für ein aktuelles politisches Ziel: die Republik, die demokratische Revolution. Der Dichter ist „Sprachrohr des Volkes“. Börne ist der bekannteste und politisch einflussreichste deutsche Dichter im Pariser Exil, 1837 gestorben. Heines Buch: „Ludwig Börne. Eine Denkschrift“ erscheint 1840, allerdings unter anderem Titel, es wird von den Zeitgenossen als persönlicher Angriff auf den toten Börne gelesen; das war jedoch nicht Heines Intention. Ihm ging es um eine grundsätzliche Auseinandersetzung um Kunst, Politik und Revolutionsromantik.

„Goethe“ ist für Heine Vorbild als Dichter größtmöglicher Autonomie und Kunstfertigkeit. Die Kritik des Dichters des „Romanzero“ hat eine persönliche und eine ästhetische Dimension: Persönlich neidet Heine dem „Olympier“ und Träger des „Hausordens vom weißen Falken“ einen Erfolg, der ihm, dem der „nie abzuwaschende Jude“ anhängt, versagt blieb, und Gesundheit und Lebenskraft bis ins hohe Alter, die dem „armen, todkranken Dichter“ im Pariser Exil schon vor dem Erreichen des 50. Lebensjahres abhanden gekommen waren. Die Nummer 1 der deutschen Dichter ist Goethe. Für Heine bleibt die Nummer 2 oder …

Ästhetisch sind auch Heines Texte von höchster Artistik und Vollendung. **Anders als Goethe** hat er jedoch einen Leser im Visier, der nicht einem „Vorbild“ nacheifert, indem er auf seinem Weg wandelt und ihm bewundernd nachfolgt, sondern einen Leser, der lernt, eigene Wege zu suchen, indem er die Irritationen und disparat gewebten Darstellungen des Autors entdeckt, aufschließt und neu zusammensetzt, sodass ein vom Leser selbst produziertes „Werk“ entsteht.

Heines Einsicht nach dem Scheitern der 48er Revolution nimmt die Gefährlichkeit des „Nachfolgens“ wahr und zieht Konsequenzen für die Kunst; uns wird sie spätestens im Rückblick auf die europäische Geschichte deutlich, in der Goethe (wie Schiller) zu nationalen Größen verfälscht und in den Propagandaapparat des „Deutschland über alles“ eingebunden wurden, was mit Heine nicht möglich war, ohne seinen Namen zu unterdrücken – so war die Loreley aus den Schulbüchern des Nazireiches nicht „abzuwaschen“, wohl aber der Dichter als „unbekannt“ zu tilgen. Für diese „Gefährlichkeit“ steht der Name **Richard Wagner**. Wagner gebärdete sich in der Revolution 1848/49 als radikaler Demokrat und hatte schon Jahre vorher die Literatur Heinrich Heines aufgegriffen, um beispielsweise den „Fliegenden Holländer“ nach einer Anekdote aus der Erzählung „Aus den Memoiren des Herren von Schnabelewopski“ zu konzipieren. Wagner steht auch für die „romantische“ Ästhetik, eine rückwärtsgewandte Moderne, die sich von ihren radikalen und revolutionären Anfängen entfernt und eine „unpolitische“, ja ausdrücklich von der Alltagswelt abgewandte Ästhetik entwickelt. Heines Frühwerk („Elementargeister“) findet sich wieder im klassischen

Ballett („Giselle"!). Ein auch von Heine oft verwendetes Tanz- und Opernmotiv ist der weiße Schwan.

Einen judenfeindlichen Aufsatz von 1850 überarbeitet Wagner 1874 und lässt ihn erneut veröffentlichen – anders als 1850 mit breiter Wirkung: die neu entstehende antisemitische Bewegung Wilhelm Marrs beeinflussend (die als „eliminatorische" auf die Vernichtung der Juden als „Rasse" angelegt ist).

Von ihr aus führt eine direkte Linie zu dem Heinefeind im Denkmalstreit 1906 **Adolf Bartels**, der als führender Nazigermanist nach 1933 maßgebend wird, und letztendlich auch zu dem Wagnerverehrer Adolf Hitler. Zitate aus Bartels Anti-Heine-Buch sind ebenso wie Zitate des preußisch-nationalistischen Historikers, Antisemiten und Heinegegners **Heinrich von Treitschke** mit den Äußerungen Richard Wagners (aus seinem Aufsatz) im Stück verwoben.

Die Gefährlichkeit einer sich „Göttlichkeit" oder „Beseeltheit" anmaßenden Kunst (Kardinal Meisner) ist es auch, die aus dem Bewusstsein des Oktober 49 (und des Pariser Juni 48) die „Moderne" entwickelt. Das Fest zum **200. Geburtstag** Heines in Düsseldorf, das den Dichter als „Narr des Glücks" feiert und dessen zehnjähriges Jubiläum wir 2007 begehen –, ist eine Nahtstelle, an der zu entscheiden ist, ob Heine jetzt als „Dichter bekannt" (Klaus Briegleb) mit der großen Anerkennung, die ihm heute in Deutschland, ja in ganz Europa zu Teil wird, durch seine Verharmlosung als romantischer Liebesliederpoet und witzig-pointenreicher Vorkämpfer des (neo-?)liberalen Systems tatsächlich nicht einer neuerlichen „Bücherverbrennung" ausgesetzt würde –

ein kühnes Bild, das jedoch die Auslöschung all des Potenzials beinhaltet, das ihn aktuell zum scharfen Kritiker unserer Verhältnisse machen würde.

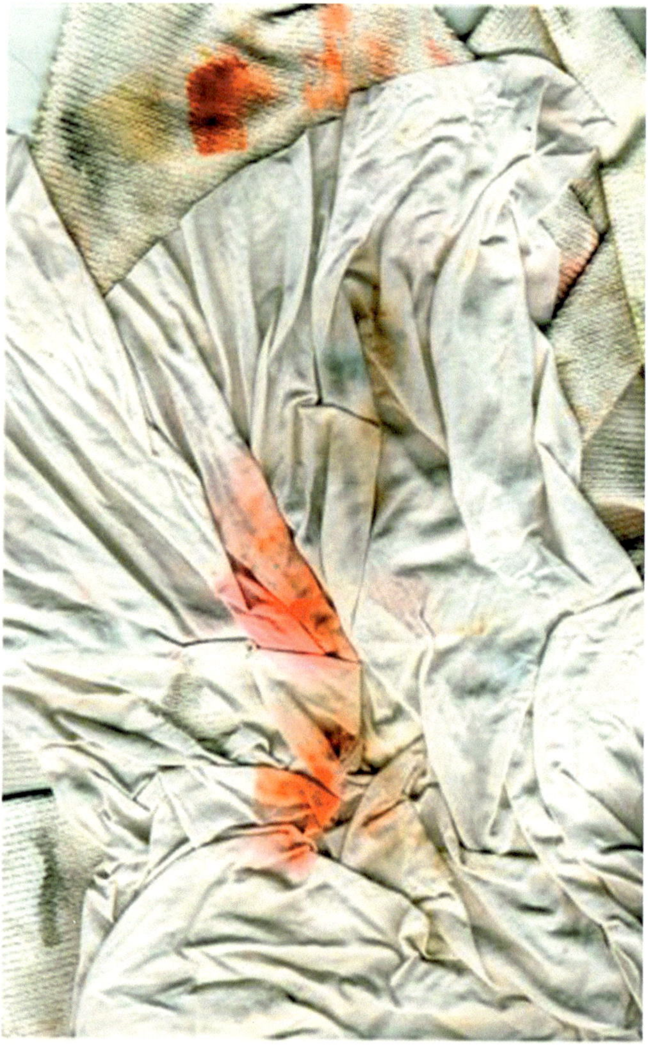

romanzero.disparates

0. Vorspiel

(Heine erwacht und findet langsam in den Schmerz zurück.)

1. Szene

1.1. Exposition Traumgestalten / Zirkus

Heine

Doppelflöten, Hörner, Geigen
Spielen auf zum Götzenreigen,
Und es tanzen Jakobs Töchter
Um das goldne Kalb herum –

Mathilde / Mouche

Brum – brum – brum –
Paukenschläge und Gelächter!

Heine

Hochgeschnürt bis zu den Lenden
Und sich fassend an den Händen,
Jungfraun edelster Geschlechter
Kreisen wie der Wirbelwind

Mathilde / Mouche

Um das Rind –
Paukenschläge und Gelächter!

Heine

Aaron selbst wird fortgezogen
Von des Tanzes Wahnsinnswogen,
Und er selbst, der Glaubenswächter,
Tanzt im Hohepriesterrock,

Mathilde / Mouche

Wie ein Bock –
Paukenschläge und Gelächter!

(Mathilde und Mouche „tanzen“ um Heine „herum“, der von seinem nächtlichen schmutzigen Laken/ Hemd befreit wird und ein frisches Laken/Hemd angelegt bekommt; zur letzten Strophe kommt Börne (Henkersoutfit? mit einem Stock, den er wie ein Richtschwert führt?) auf die Bühne – Wiederholungen sind erwünscht; Töne und Rhythmen sollen assoziiert oder zitiert werden, nicht die im Text angesprochenen Instrumente, wohl aber die Skurrilität, das Tempo und die Stimmung. Vortrag und Tanz wirken, als ob die drei hier ein oft gespieltes Spiel spielen: eine eintrainierte Choreografie. Und über allem kreischt Mathildes Papagei.

Was sich in Heines Vorstellungswelt abspielte im Übergang vom Opiumschlaf zur Wachheit, mündet nun in zunehmenden Schmerz – akustisches Signal sollte durch das ganze Stück sein, dass die Heines Matratzengruft umgebenden Geräusche des erwachenden Tages anzeigen, dass der Dichter bei sich und seinen Schmerzen ist. Töne des „inneren Ohres“ verdeutlichen, dass er sich jetzt in seiner die Schmerzen betäubenden Vorstellungswelt befindet;

Klänge wie die von Edgar Varèse „Déserts" könnten etwa dem entsprechen.)

1.2. Moses und Aaron

Heine

Ah, uh, ah, ... der Hohepriester der Freiheit, der Ideenwächter unserer deutschen Republik – Aaron im Pariser Exil – ah, uh, ... du bist erwacht von den Toten, um zu genießen, wie dein Bruder Moses sich sterbend in Schmerzen windet, ah, uh ... .

Börne

Aaron und Moses? Wie Moses schlägt der große Dichter Henri Heine mit dem Stab auf den Felsen, ... den Felsen der deutschen Sprache, ... aber das Wasser fließt nicht, und so zaubert er trickreich hinter seinem Rücken, damit es niemand bemerkt, ... nein! kein Wasser hervor ... : Eau de cologne! Um den Gestank zu übertünchen, mit dem er die deutschen Stuben verpestet hat.

Heine

Wenn er „er" sagt, meint er mich? Mich?

Börne

... Das Volk ist für Sie, Herr Heine, ein dummes Kalb, dem Sie als gottbegnadetes Genie Ihre schönen und ewigen Wahrheiten verkünden!

Heine

Na immerhin! … Ah, uah, ah.

Börne

Ach Heine, Ihre Schmerzen bereiten mir kein Vergnügen. Ich bin nicht Ihr Feind. Ich wollte Sie immer an meiner Seite haben im heiligen Kampf der Menschheit um Freiheit und Menschenrechte. Und doch verschleudern Sie Ihr Talent – ohne zwischen Freund und Feind der Freiheit zu unterscheiden – für Aristokraten, für Artistik, für den Markt, ich weiß nicht, für wen sonst noch!

Heine

Ich weiß, Ludwig Börne: Für Sie bin ich ein Talent, doch kein Charakter! Kein Charakter, aber – welche Gnade des großen Ludwig Börne! – ein Talent! Mit dieser Aussage „Heine ist kein Charakter" wollten Sie mich treffen, ja vernichten. Damit haben Sie unseren gemeinsamen Gegnern die Munition gegeben, mit der die mich bis ins nächste Jahrtausend beschießen.

Börne

Ich hab' nur offen gesprochen, ich hab' nur meine freie Meinung gesagt – ein Menschenrecht, für das wir gemeinsam kämpfen sollten.

Heine

An Ihrer Seite kämpfen? Für die Interessen der deutschen Emigranten – Tumultanten –, deren Wortführer Sie sind? Phrasen dreschende, Jakobiner spielende Revolutionäre? Und Sie mit ihrer infamen Tugend, Sie hielten Gericht über mich! … Ich bin getroffen und falle … Doch fall' ich unbesiegt. Meine Waffen sind nicht gebrochen, nur mein Herze brach und … mein Gemüt …

Börne *(unterbricht ironisch mitleidvoll)*
Ach, das arme romantische Herzchen! Dem Dichter ist es ungemütlich und er blutet wie ein angeschossenes Reh – gleich wird dich der politische Jagdhund, der böse Börne, finden und tot beißen!

Heine
Mir **ist** nicht ungemütlich, sondern ich **werde** ungemütlich. Nicht ich bin verblutet, Herr Börne, sondern mein Gemüt – … mein Gemüt ist **süß** verblutet!

Börne
Sie verstehen meine Ironie nicht, Sie sprechen nicht meine Sprache … Es ist tragisch: Die zwei größten deutschen Dichter im Pariser Exil verstehen sich nicht.

Heine
Sie können mich nicht verstehen!

Börne
Sie wollen mich nicht verstehen, Herr Heine!

Heine *(ruhig, überlegen)*
Ja, … gewiss … Wenn verstehen heißt: einverstanden sein … Abtritt, Börne! Es genügt … Wenn Sie mir nur nicht so unendlich geschadet hätten!

Ein Talent, doch kein Charakter – 50 Jahre nach meinem Tod wird mich die ganze judenfeindliche Nationalistenbande noch bekämpfen, und 100 Jahre nach meinem Tod werden die Christen in Schwaben dagegen stimmen, ein Gymnasium nach mir zu benennen, mit dem „Argument“, dass ich wohl Talent, aber sicher keinen Charakter gehabt hätte!

Börne

Ich werde gleich aus Ihrem Bewusstsein verschwinden, Heine – aber Sie haben es sich selbst zuzuschreiben: als charakterlos zu gelten! Sie haben herumlaviert zwischen allen Parteien und Gesellschaftsschichten! Allen wollten Sie gefallen! Alle sollten Sie bewundern; dafür war Ihnen jede Verdrehung recht, jede Halbwahrheit! Für eine gute Pointe haben Sie ohne Bedenken Ihre

Gesinnung vergessen. Wir demokratischen Dichter aber sind nichts als das Sprachrohr des Volkes!

Heine

Dichter sind keine Instrumente, Kunst ist kein Mittel im Kampf für Menschenrechte oder gegen Zwangsprostitution …

Börne

Doch! Gegen Aristokratie! Gegen Unterdrückung! Das ist die Aufgabe der Dichtung im Befreiungskampf der Menschheit!

Heine

Kunst **ist** nicht Waffe; sie **hat** Waffen – für die Dichtung die wichtigste ist die Sprache.
Und Kunst ist zwecklos wie die Liebe, wie das Leben, wie der Schöpfer samt der Schöpfung.

Börne

Wieder so ein typisches Heine-Bonmot, das Sie ganz locker über die Zunge gleiten lassen und hinter dem Sie Ihre Charakterlosigkeit verbergen, Ihre Unmoral!

Heine

Ich trage meine Moral nicht zur Schau; meine Gedanken und Handlungen sind nie in Widerspruch geraten mit meiner Moral, einer Moral, die meiner Seele eingeboren ist, die meine Seele selbst und die mein Leben beseelende Seele ist … Ludwig Börne … in Ihrer Auffassung von Moral gleichen Sie Robespierre, der für seine „heilige Sache“ die Lüge nicht verschmähte und voll blutdürstiger Sentimentalität war! Beide waren Sie verbrecherisch rechtschaffen. Nur stand Ihnen keine Guillotine zu Gebote! … Sie mussten mit Worten richten … Ich war immer ein politischer Mensch, doch wo die Kunst anfängt, da fängt für mich die Freiheit an, ein neues Reich: eine Utopie! Da fügen wir Dichter den Menschen neu zusammen, da besingen wir, was uns gefällt, die Blumen, die Mädchen und alles, was gut ist … Ja, … die Mädchen!

(Musik, Schmerzensmusik à la Varèse, setzt ein.)

… Ah, uh, … diese Schmerzen! Ah, uh, …

1.3. Frühe Liebe – Eros

(Heine, Mouche … liegt als Amalie verführerisch in Unterkleidern – feine Wäsche, Bankierstochter – am Bühnenrand, Musik: Flötenklänge / Varèse: „Densité 21,5“?)

Heine

Ooooh, Molly! Ottilie, Amalie, Molly, ja, so hab’ ich dich in Erinnerung. Im Haus von Onkel Salomo, deinem Vater! … Du hast mich angemacht und dann doch nicht rangelassen.

Molly

Harry, lass mich! Mein Vater hat streng untersagt, dass wir uns näherkommen. „Das ist ohne

Zukunft!“ hat er gesagt. „Der muss erst ’was werden, bevor er an Heiraten denken kann! Nimm dich in acht vor ihm!“

Heine

Lass uns fliehen, Molly! Wenn wir vollendete Tatsachen schaffen, wird er am Ende doch zustimmen. Dein Vater ist Pragmatiker.

Molly

Nein! Am Ende enterbt er mich, und wir führen ein elendes Leben – das ist nichts für mich! Außerdem … weiß ich gar nicht, ob du mich in Wahrheit liebst. Am Ende ist das, was du jetzt Liebe nennst, das große Feuer, das angeblich in dir brennt, nur so ein kleines Flämmchen!

Heine

Molly, du hast es doch gespürt, dieses Feuer meiner wahren Liebe! … Oder ist für die Tochter des Bankiers der Sohn seines Bruders, eines Bankrotteurs, nicht die richtige Partie?

(Molly hinter die Bühne; Umkleidung; Musik: Schmerzensklänge.)

Ach! … Ach! … (*Heine geht ab.)*

(Mathilde kommt auf die Bühne mit Heines gelähmtem Arm und manikürt seine Fingernägel. Komische Slapsticknummer!)

Mathilde

Was wollen Sie eigentlich von meinem Mann, Elise – oder wie Henri Sie nennt: Mouche?

Mouche

Ich bewundere in ihm den Dichter; er diktiert mir und ich schreibe; ich liebe seine Art zu schreiben; … ich schreibe selbst und möchte, dass er mir sagt, ob meine Verse gut sind, … es wäre mein größtes Glück, wenn ihm meine Verse gefallen würden.

Mathilde

Verse? Papperlapapp! Henri hatte immer andere Frauen, nicht nur als Gesprächspartner … Aber jetzt? Er ist gelähmt, ein Pflegefall! … Wollen Sie Geld?

Mouche

Madame Heine! Ich verehre ihn, … ja, ich liebe ihn auch. Aber was sollte, ja was könnte ich Ihnen wegnehmen?

Mathilde

Mademoiselle Elise! Ich weiß nicht, ob ich Ihnen irgendetwas glaube; oder ihm; auch früher hat mich Henri angelogen: „Was willst du? Ich habe nichts mit ihr!“ Ich wusste immer, dass er lügt! Es hat mich rasend gemacht!
Ich will nicht, dass ihn jemand liebt oder er sich verliebt in eine wie Sie! … Ich bin die Einzige für ihn, kapiert?

Mouche
Madame Heine, …

Mathilde
Schweigen Sie! (*Mathilde ab.*)

2. Szene

2.1. Romanzero I – Der weiße Elefant und Suezkanal

(Heine, Mathilde, Wagner, Goethe, Mouche, Verse aus Heines „Loreley“ singend.)

Heine

(Still!) Lass’ das einen Männerchor singen, fürs altdeutsche Gemüt. Die Zeit der Elfen und Nixen ist verschlendert. Ich schreibe jetzt andere Märchen, … Auf geht’s! Auftritt! Der weiße Elefant! Mathilde! Die Schätze! Ich bin Mahawasant, der König von Siam! … Mouche!

(Musik: ähnlich wie im Dschungelbuch-Film, wenn die Elefanten kommen; Mathilde und später Mouche schleppen Schätze, während sie singen und rezitieren.)

Mathilde *(mit Papagei)*

Der König von Siam, Mahawasant,
Beherrscht das halbe Indienland,
Zwölf Kön’ge, der große Mogul sogar,
Sind seinem Zepter tributar.

Alljährlich mit Trommeln, Posaunen und Fahnen
Ziehen nach Siam die Zinskarawanen;
Viel tausend Kamele, hochberuckte,
Schleppen die kostbarsten Landesprodukte.

Und seine Schatzkammern sind so weit,
So groß und voller Herrlichkeit;
Hier überflügelt der Wirklichkeit Pracht
Die Märchen von Tausendundeine Nacht.

Heine

Wie im Märchen: der märchenhafte Reichtum in märchenhafter Überfülle. Alle wollen die schöne Prinzessin, ihre Schätze! Alle wollen den Reichtum Siams.

(Musik: nur Klangwand lauter werdend.)

Mouche

„Die Burg des Indra" heißt die Halle,
Wo aufgestellt die Götter alle,
Bildsäulen von Gold, fein ziselieret,
Mit Edelsteinen inkrustieret.

(Sie spricht verwundert, wie es im Text heißt: ungläubig.)

Sind an der Zahl wohl dreißigtausend,
Figuren abenteuerlich grausend,
Mischlinge von Menschen und Tiergeschöpfen
Mit vielen Händen und vielen Köpfen.

(Die Musik unterbricht und zitiert das Bundeswehr-Soldatenlied, aus männlichen Kehlen gesungen: „Schwer mit den Schätzen des Orients beladen ziehet ein Schifflein am Horizont dahin!" Gerufen: „Linkszwodreivier – ein Lied! – Schwer mit den Schätzen! – Linkszwodreivier!" Musik: Ende.)

Heine

Wo ist mein Affe? Mein Meyerbeer, mein Beerenmeyer! Schlinge deinen Arm um mich, geliebter Jacob Liebmann Giacomo Beer!

(Wagner erscheint als putziger Giftzwerg und spricht – papageienhaft Meyerbeer nachäffend – in jüdischdeutschem Tonfall.)

Wagner

Willst du mich veräppeln, deinen guten Freund Meyerbeer, der dir geholfen hat in Not und Bedrängnis, und Geld geliehen?

Heine

O, Wagner! Welche Ehre! Der Meyerbeer-Epigone, der Meyerbeer-Nachäffer, der revolutionäre Papageienvogel! Wagner, der aus einer kleinen leichten Parabel von mir, über weibliche Untreue, eine schwere Oper über ewige Liebe und Treue gemacht hat! Den Fliegenden Holländer.

Wagner

Ich habe diesen geschäftstüchtigen Beherrscher des europäischen Opernmarktes, diesen Juden Meyer Beer nie nachgeahmt.

Heine

Sie wollen also nicht meinen Affen spielen, den Affen, der im Arm des Königs liegt, Sie wollen nicht des großen Königs Lieblingsaffe sein? Aber doch Lieblingskomponist? Ich hätte da eine riesige Götterhalle – die Burg des Indra – für Ihre

Opern! Da müssen Sie noch lange warten, bis Sie wieder so ein Angebot kriegen! Vielleicht in Bayern? Oder machen das die Narren in Schwaben?

(Er will ihn in den Arm nehmen; er legt ihm das Band um; Wagner spielt anfangs mit.)

Der Lieblingsaffe des Mahawasant
Trägt an dem Hals ein seidenes Band,
Dran hängt der Schlüssel, welcher erschleußt
Die Halle, die man den Schlafsaal heißt.

Wagner *(gierig)*
Die Edelsteine vom höchsten Wert,
Die liegen wie Erbsen hier auf der Erd'
Hochaufgeschüttet; man findet dabei
Diamanten so groß wie ein Hühnerei.

Auf grauen, mit Perlen gefüllten Säcken
Pflegt hier der König sich hinzustrecken;
Der Affe legt sich zum Monarchen,
Und beide schlafen ein und schnarchen.

(Spiel mit Schlafen, Schnarchen, sich gegenseitig Stören beim Schlafen usw. Wagner wehrt sich und geht ab.)

Heine
Das Kostbarste aber von allen Schätzen
Des Königs, sein Glück, sein Seelenergötzen,
Die Lust und der Stolz von Mahawasant.
Das ist sein weißer Elefant.

(Musik verzerrt: Lohengrin: „Treulich geführt … “. Mathilde und Mouche spielen die Figur des Elefanten, der nun auftritt: nur Musik und Bild!)

Mathilde/Mouche

Als Wohnung für diesen erhabenen Gast
Ließ bauen der König den schönsten Palast;
Es wird das Dach, mit Goldblech beschlagen,
Von lotosknäufigen Säulen getragen.

Man salbt ihn mit Ambra und Rosenessenzen,
Man schmückt sein Haupt mit Blumenkränzen
Als Fußdecke dienen dem edlen Tier
Die kostbarsten Schals aus Kaschimir.

Das glücklichste Leben ist ihm beschieden.
Doch niemand auf Erden ist zufrieden.
Das edle Tier, man weiß nicht wie,
Versinkt in tiefe Melancholie.

(Pause, in der der Elefant die Pose des Melancholikers schließlich findet und im Freeze hält; Goethe tritt auf; Musik: Varèse „Déserts“ – Flucht aus dem Überfluss.)

Der weiße Melancholikus
Steht traurig mitten im Überfluss.

Goethe *(versucht die Pose nachzustellen)*

Der weiße Melancholikus
Steht traurig mitten im Überfluss.

(Musik: Ende.)

Heine

Man will ihn ermuntern, man will ihn erheitern,
Jedoch die klügsten Versuche scheitern.

(Die „klügsten Versuche“ unternehmen Goethe und Heine – zum Beispiel den Elefanten umbauen, den Papagei einbauen –: Vergebens Tricks, Vergebens Witze, … musikalische Versuche, Vergebens.)

Mathilde/Mouche

Vergebens kommen mit Springen und Singen
Die Bajaderen; vergebens erklingen
Die Zinken und Pauken der Musikanten,
Doch nichts erlustigt den Elefanten.

Da täglich sich der Zustand verschlimmert,
Wird Mahawasantes Herz bekümmert;
Er lässt vor seines Thrones Stufen
Den klügsten Astrologen rufen.

(Goethe verkleidet sich auf der Bühne, um den Astrolog zu spielen – musikalisches Intermezzo.)

Heine

„Sterngucker, ich lass dir das Haupt abschlagen“,
Herrscht er ihn an, „kannst du mir nicht sagen,
Was meinem Elefanten fehle,
Warum so verdüstert seine Seele?“

Goethe

„O König, ich will dir die Wahrheit verkünden
Du kannst dann handeln nach Gutbefinden.

Es lebt im Norden ein schönes Weib
Von hohem Wuchs und weißem Leib,
Dein Elefant ist herrlich, unleugbar,
Doch ist er nicht mit ihr vergleichbar.

Mit ihr verglichen, erscheint er nur
Ein weißes Mäuschen. Es mahnt die Statur
An Bimha, die Riesin, im ‚Ramayana',
Und an der Epheser große Diana.

(Musik setzt ein: tibetanisch – Pauken und Kuhhörner.)

Wie sich die Gliedermassen wölben
Zum schönsten Bau! Es tragen dieselben
Anmutig und stolz zwei hohe Pilaster
Von blendend weißem Alabaster.

Das ist Gott Amors kolossale
Domkirche, der Liebe Kathedrale;
Als Lampe brennt im Tabernakel
Ein Herz, das ohne Falsch und Makel.

Gräfin Bianka ist der Name
Von dieser großen weißen Dame;
Sie wohnt in Paris im Frankenland,
Und diese liebt der Elefant.

(Mouche spielt Bianka, die weiße Schönheit – gipsern wirkend wie die Venus von Milo? – Heine spielt den Elefanten an ihrer Stelle; Musik wandelt sich: Pariser „Musette"-Klänge?)

Durch wunderbare Wahlverwandtschaft
Im Traume machte er ihre Bekanntschaft,
Und träumend in sein Herze stahl
Sich dieses hohe Ideal.

Sehnsucht verzehrt ihn seit jener Stund',
Und er, der vormals so froh und gesund,
Er ist ein vierfüßiger Werther geworden
Und träumt von einer Lotte im Norden.

Geheimnisvolle Sympathie!
Er sah sie nie und denkt an sie.
Er trampelt oft im Mondschein umher
Und seufzet: „Wenn ich ein Vöglein wär.'"

(Goethe, der Elefant mit Heine und Mathilde mit Papagei, und Mouche-Bianca im Sehnsuchtstaumel-Tanz, darstellend die Trennung von Leib und Seele.)

In Siam ist nur der Leib, die Gedanken
Sind bei Bianka im Lande der Franken;
Doch diese Trennung von Leib und Seele
Schwächt sehr den Magen, vertrocknet die Kehle.

Die leckersten Braten widern ihn an.
Er liebt nur Dampfnudeln und Ossian;
Er hüstelt schon, er magert ab.
Die Sehnsucht schaufelt sein frühes Grab.

(Mouche übernimmt wieder den Elefanten, Heine als König, Musik steigert sich.)

Willst du ihn retten, erhalten sein Leben,
Der Säugetierwelt ihn wiedergeben,
O König, so schicke den hohen Kranken
Direkt nach Paris, der Hauptstadt der Franken.

Wo seiner Schönen Augen strahlen,
Da schwinden seiner Seele Qualen.
Froh hebt er wieder die Lappen der Ohren.
Er fühlt sich verjüngt, wie neugeboren.

Es lebt sich so lieblich, es lebt sich so süß
Am Seinestrand in der Stadt Paris.

(Musikalische Stimmung: Pariser Leben, z. B. man tanzt Cancan – Leib und Seele haben sich gefunden.)

Vor allem aber, o König, lasse
Ihm reichlich füllen die Reisekasse,
Und gib ihm einen Kreditbrief mit
Auf Rothschild frères in der Rue Lafitte.

Ja, einen Kreditbrief von einer Million
Dukaten etwa; – der Herr Baron
Von Rothschild sagt von ihm alsdann:
‚Der Elefant ist ein braver Mann!'

(Der Elefant ab.)

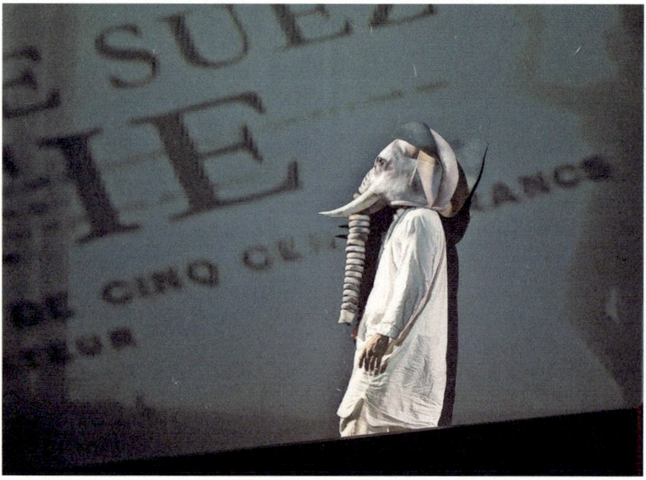

Heine

So sprach der Astrolog, und wieder
Warf er sich dreimal zur Erde nieder.
Der König entließ ihn mit reichen Geschenken
Und streckte sich aus, um nachzudenken.

Heine *(schreibend)*

Was er beschlossen, das kann ich erzählen
Erst später; die Nachrichten aus Indien fehlen.
Die letzte, welche zu uns gekommen,
Die hat den Weg über Suez genommen.

(Musik: Übergang zum nächsten Bild – Klangwand – Varèse?)

3. Szene

3.1. Goethe-Zirkus, Die Treppe

(Heine, Goethe)

Goethe

Eine merkwürdige Geschichte! Aber … Sie können den Fortschritt nicht aufhalten, Heine, wir müssen uns arrangieren mit den Sachzwängen der Ökonomie. Der Suez-Kanal wird gebaut … Das europäische Kapital muss investiert werden, weltweit. So haben alle einen Nutzen!

Heine

Und dieser Fortschritt besteht in weltweiten Raubzügen zur Vermehrung des Profits!

Goethe

Ich war immer für den Fortschritt, wenn er der Menschheit Nutzen gebracht hat!

Heine

Doch wo bleiben die Opfer dieses Fortschritts? …

(Musik: der Schmerz kommt wieder.
Heine spricht schmerzerfüllt.)

Die Opfer haben den „Genuss“: zu unterliegen? Sie werden an das goldene Kalb des Fortschritts verfüttert? Was sein muss, muss sein – die Notwendigkeit der Weltgeschichte? Wie Hegel formuliert hat: Das Muss der Geschichte braucht Opfer? … Welche Logik!

Goethe

Es ist nicht Sache des Dichters, das zu ändern. Wir können nicht eingreifen in den Gang der Geschichte. Wir können sie nur beobachten; und ich darf sagen: „Ich bin dabei gewesen."

(Musik: Ende.)

3.2. Klage oder Lied

(Heine, Goethe, Sefchen)

Heine

Herr Goethe, als Geheimer Rat und Theaterintendant in Weimar hatten Sie es leicht, den Opfern gegenüber gleichgültig zu bleiben und den Fortschritt gut zu heißen. Mit einem Lorbeer bekränzt standen Sie hoch oben und stehen Sie noch heute auf dem Sockel Ihres klassischen Werkes, kaum mehr sichtbar für die Sterblichen! Sinnbild reiner Harmonie … Die Harmonie als Person! …

Goethe

Ich habe den west-östlichen Diwan verfasst, um die Kulturen zu verbinden, um den christlichen Europäern ein wirkliches Verstehen des Islam zu ermöglichen …

Heine

Als ich Sie besuchte in Weimar, waren Sie weit weniger aufgeschlossen … stattdessen von sich selbst eingenommen!

Goethe

Ich erinnere mich nicht! … Oder doch? … Waren Sie dieser arrogante Schnösel, der vorgab, er arbeite an einem Faust?

(Während Heine die Verse über Jehuda vorträgt, verschwindet Goethe; Sefchen, rothaarig, erscheint, aufmerksam den Versen lauschend.)

Heine

Oh, Sie erinnern sich? Natürlich, ich wollte mich dem Herren Geheimen Rat Johann Wolfgang von (!) Goethe ins Gedächtnis einprägen … Ihre Gedichtsammlung – der west-östliche Diwan – hat die Kluft zwischen dem Orient und dem Westen nur dürftig überbrückt; und … Sie haben ein wesentliches Bindeglied der Menschheitsgeschichte außer Acht gelassen: das Judentum, produktiv und wirksam in einer hohen Zeit des Einklangs der drei großen Religionen, im Mittelalter … in Spanien unter muslimischer Herrschaft …

(Musik: Klänge sephardisch-mittelalterlich.)

Damals weinte ein Dichter in Erinnerung an die Zerstörung des Tempels in Jerusalem und schrieb Verse, die …

Sefchen

Die entquollen einer schönen
Menschenseele, die noch tiefer,
Abgrundtiefer als das Weltmeer.

Heine

(Sefchen trägt einen Perlentränenschmuck als rote Haartracht, die ihr Heine Stück für Stück abnimmt.)

Denn es sind die Tränenperlen
Des Jehuda ben Halevy,
Die er ob dem Untergang
Von Jerusalem geweinet –

Perlentränen, die verbunden
Durch des Reimes goldnen Faden,
Aus der Dichtkunst güldnen Schmiede
Als ein Lied hervorgegangen.

Dieses Perlentränenlied
Ist die vielberühmte Klage,
Die gesungen wird in allen
Weltzerstreuten Zelten Jakobs

An dem neunten Tag des Monats,
Der geheißen Ab, dem Jahrstag
Von Jerusalems Zerstörung
Durch den Titus Vespasianus.

Ja, das ist das Zionslied.

(Sefchen ab; Heine findet gedankenverloren wieder zu sich; ohne Text – nur Musik; dann Stille.)

Ach, jetzt ist er weg: Goethe. Ach, … Goethe! … Beifall, liebes Publikum für Deutschlands größten Mann! Ich verachte an ihm den Meister der Selbstbeschränkung, den nichts davon abhalten konnte, Deutschlands größter Mann zu werden *(ironisch)* Welch' ein Mann! … *(stöhnend)*
Homer, Dante, Goethe – das ist nur die halbe Literaturgeschichte Europas, die „westlich-abendländische". Die andere Hälfte? Jeremias, der biblische Prophet, Jehuda Halévy, der jüdische Dichter des Mittelalters, und Heinrich Heine, der moderne Autor und Nachfahre der Tradition dieser bis heute immer noch kaum bekannten orientalisch-jüdischen Kultur.

(Heine wird gewaschen; er stöhnt dabei in großen Schmerzen: „Vorsicht! Nicht berühren! Das tut furchtbar weh! Pass doch auf! usw." Mathilde hält seinen

Unterleib – mit Beinen – auf dem Schoß, Mouche kommt und bringt eine Waschschüssel; sie tunkt feines Tuch hinein, reicht es Mathilde. Diese wäscht ihn mit allergrößter Zärtlichkeit und Vorsicht.)

Mathilde

Er ist schrecklich empfindlich! Jede Berührung macht ihm höllische Schmerzen.

(Mouche trocknet seine Haut mit einem Staubwedel aus feinen weichen Federn. Mathilde zieht ihn an. Die ganze Szene changiert zwischen Komik und Erotik, Mathilde legt seinen Körperteil ins Bett; Mouche trägt die Waschschüssel weg und geht ab; Mathilde holt den Papagei, sie schmust mit ihm; er gurrt; … Sefchen bringt das Frühstück.)

Mathilde *(im Abgehen)*

Morgenkaffee!

3.3. Junge Liebe – Die Uhren schmelzen

(Heine, Sefchen)

Heine *(entdeckt Sefchen, sie küssen sich, sie berühren sich, sie grapschen. Es verzerrt sich die Zeitachse. Er tritt ihr als junger Mann gegenüber. Die Liebesszene endet in einer Art Popsong oder Schlager „Frag den Westwind, was er weht und wimmert … “ Doch dann kommen die Schmerzen wieder, er wünscht sich den Tod, greift nach der Giftflasche, ist wieder alt und gebrechlich.)*

Sefchen! … Sefchen! Perlentränen haben wir geweint im Haus deines Vaters, des Scharfrichters! Perlentränen! Aus tiefster Seele! Wir! Die aus dieser bürgerlichen Gesellschaft Ausgestoßenen – du die Tochter des Henkers, ich das Judenkind! … Aber mehr noch haben wir gelacht und du hast deine weißen Zähne gezeigt und deine weißen Brüste, und wir haben uns geküsst! … deinen Duft werde ich immer erinnern, betäubend – nach frischer Seife, nach frisch gemähtem Gras und nach … ja … nach Wiesenblumen?

Sefchen

Ja, du hast mich geküsst, als ich dir heimlich das Richtschwert zeigte … Und dann bist du bald weggegangen und hast mich verlassen, für immer.

(Heine nimmt Sefchen in den Arm, sie ab, nach „Mondenlichte". Musik: Klangwand als Hintergrund; Flöte, s. o.?)

Heine

Nie, nie, nie hab ich dich verlassen.

Geschlossen war mein Aug, doch angeblickt
Hat meine Seel' beständig dein Gesichte;
Du sahst mich an, beseligt und verzückt
Und geisterhaft beglänzt vom Mondenlichte.

Wir sprachen nicht. Jedoch mein Herz vernahm
Was du verschwiegen dachtest im Gemüthe –
Das ausgesprochne Wort ist ohne Schaam,
Das Schweigen ist der Liebe keusche Blüthe.

(Mouche kommt, Heine spricht zu ihr.)

Und wie beredsam dieses Schweigen ist!
Man sagt sich alles ohne Metaphoren,
Ganz ohne Feigenblatt, ganz ohne List
Des Silbenfalls, des Wohllauts der Rhetoren.

(Mathilde kommt hinzu.)

Lautloses Zwiegespräch! Man glaubt es kaum,
Wie bei dem stummen zärtlichen Geplauder
So schnell die Zeit verstreicht im schönen Traum
Der Sommernacht, gewebt aus Lust und Schauder!
Was wir gesprochen haben?

Mouche
Frag es niemals, ach!

Heine
Den Glühwurm frag, was er den Gräsern glimmert?
Die Welle frage, was sie rauscht im Bach?
Frage den Westwind, was er weht und wimmert?

O Tod! Mit deiner Grabesstille, du,
Nur du kannst uns die beste Wollust geben –

(Heine greift zur Giftflasche.)

Den Krampf der Leidenschaft, Lust ohne Ruh
Gibt uns für Glück das albern blöde Leben!

(Musik: Übergang zu Schmerzlauten; Mouche geht rasch ab, wenn Mathilde spricht.)

4. Szene

4.1. Späte Liebe – Ehestreit // Zirkusankündigung / Clowns

(Heine, Mathilde)

Mathilde

Du filou! Ja, ich beschimpfe dich, ... habe dich immer beschimpft, weil du mich immer betrogen hast, mit Tänzerinnen, Schauspielerinnen – ich bin weder blind noch dumm, auch wenn ich kein Deutsch spreche –, mit der Dichterin George Sand, mit Principessa di Belgiojoso, mit Marquise Caroline Jaubert und und und ... und jetzt mit Elise Krinitz, die du Mouche nennst, weil sie dich umschwirrt wie eine Fliege, ... und du betrügst mich noch jetzt, obwohl sich – wie du selbst sagst – zwischen Hemd und Haut nichts mehr abspielt.

Heine

Seit dem Mai 48 bin ich abgemagert zu einem Skelett, das seiner gänzlichen Auflösung entgegenharrt. Kaum mehr existiert dieser Leib, er ist so sehr in die Krümpe gegangen, dass schier nichts übrig geblieben ist als die Stimme ... Was willst du, mon chère Mathilde, warum quälst du mich? Warum der Lärm? ... Mein Bett ist ein Grab ohne Ruhe, in dem ich früh und spät nur Wagengerassel, Gehämmer, Gekeife und Klaviergeklimper vernehme; tot lieg' ich in der Matratzengruft, doch ohne die Privilegien der Verstorbenen, die kein Geld auszugeben, keine Bücher zu schreiben und keinen Lärm auszuhalten brauchen.

Mathilde

Trotzdem bin ich eifersüchtig, wie ich es immer war, und ich beschimpfe dich, wie ich es immer tat: ... salaud, canaille, crapule, sal gueulard, bougre, crétin, gueaux, zigue, filou, fripon, zazou, ... kurz du bist ein Lump, der mich betrügt – und diese Mouche werf' ich raus! Sie ist eine Lügnerin! ...

Heine

Seit wann sprichst du so gut deutsch? Von mir hast du doch nie mehr als drei Worte gelernt *(er äfft sie nach)*: Nehmen Sie Plaas!

Mathilde

Oui, C'est ca! Nehmen Sie Platz.

4.2. Zirkus / Der Messerwerfer

(Heine, Wagner)

Heine

Noch lange nach meinem Tod werden die Judenfeinde sagen, Heine sei selbst durch seine Krankheit nicht umzubringen gewesen.

Wagner

Richtig! … ein Beweis dafür, wie zäh und materialistisch die jüdische Rasse ist. Dieses Jüdchen wagte es, sich gegen Goethe aufzuspielen! Seine Eigenschaften wie Eitelkeit, Schnoddrigkeit, Frechheit, Hochmut, Großsprecherei mit dem Epitheton „jüdisch" versehen zu haben, hat man einfach als Antisemitismus ausgelegt!

Heine

Sie bewerfen mich mit Kot, wie in der mittelalterlichen Disputazion in der Aula von Toledo vor dem spanischen König, da beschimpft der Franziskanermönch seinen Gegner Rabbi Juda

(Die Musik soll die Stimmung „disparat" halten, auf keinen Fall die Beschimpfung unterstützen, sondern gegen sie „agitieren": wie wenn Glas zerspringt/etwas auf Metall abrutscht/ o.ä. unangenehme Geräusche: um zu vermeiden, dass im Publikum „Beifall von der falschen Seite" kommen kann.

Wagner bewirft Heine bei jedem Wort mit einem Bierkrug – siehe Wagner kritische Karikatur –,

Heine lässt alles „passieren", sodass die Krüge auf dem Papageienkäfig landen und großes Gekreische zu hören ist; Heine reagiert mit Versen aus der Disputazion, vielleicht sprechen sie auch gleichzeitig nebeneinander.)

Wagner

Gemeinheit, Lumperei, Schmutz, Perfidie, … Ich nenne die Dinge beim rechten Namen: Heines Sprache ist … zischend, schrillend, summsend, murksend.

Heine

Judenvolk, du bist ein Aas,
Worin hausen die Dämonen;
Eure Leiber sind Kasernen
Für des Teufels Legionen.

Wagner

Was er schreibt, ist …
Schwindel, Kohl, Faselei, Lotterei,
Geträtsch, Zeug, Ramsch, Rummel,

Heine

Thomas von Aquino sagt es,
Den man nennt den großen Ochsen
Der Gelehrsamkeit, er ist
Licht und Lust der Orthodoxen.

Wagner

Quasselei, Wischiwaschi, Schwafelei, Verhohnigelei,

Heine

Judenvolk, Ihr seid Hyänen,
Wölfe, Schakals, die in Gräbern
Wühlen, um der Toten Leichnam'
Blutfraßgierig aufzustöbern.

Wagner

Unrat, Hundekomödie, Bildungspöbelei.
Juden, Juden, Ihr seid Säue,
Paviane, Nashorntiere,
Die man nennt Rhinozerosse,
Krokodile und Vampire.

(Musik: lauter, dissonanter, ebenso die Sprechenden; Mathilde kommt hinzu, um ihren Papagei zu beruhigen, während der Streit weiter geht.)

Wagner

In der Kunst können die Juden nur nachplappern, ... wie Papageien menschliche Wörter nachpapeln ... ohne wirkliche Empfindung, nachkünsteln ohne Gemüt, jüdisch, fremdartig.

Heine

Ja, die deutsche Sprache – Wagner hat meinen leichten Geschichten den Witz genommen, sie schwer gemacht, zu Tragödien **ver-opert!** ... Was er so deutsch nennt ... und was nichts als verlogene Moral in heiter-sinnliche Geschichten zwingt.

Wagner

Meine Sprache, meine Musik ist wahrhaft deutsch; und du bist der größte Beschmutzer, der je in deutscher Sprache geschrieben hat; für meine Kampfschrift gegen das Judentum und ihre Musik ist mein Ton richtig und hat nichts mit der üblichen jüdischen Gemeinheit zu tun, wie sie dir und deiner Rasse eigen ist.

Heine

In den Disputazionen des Mittelalters war festgelegt, dass die Juden verlieren müssen und getauft werden oder verbrannt …

Wagner

Dieses ganze Pariser Kunstgetriebe ist so niederträchtig, so verfault und todesreif, dass es nur eines mutigen Schnitters bedarf, der den richtigen Hieb zu führen versteht; diese falsche Pariser Modernität hat die Gestalt Heinrich Heines mit der Physiognomie eines aus Paris kommenden durch Liederlichkeit entnervten Judenjünglings mit spezifischem Moschus- und Knoblauchgeruch.

Heine

Man darf solchen Schmähungen nicht in der gleichen kotigen Weise begegnen. Nach den Schimpfkanonaden des Mönches und des Rabbiners in der Disputazion fragt Don Pedro seine Gattin, die spanische Königin Donna Blanka von Bourbon, wer von den beiden Maulkämpfern denn nun im Recht sei, und sie sagt:

Mathilde

Welcher Recht hat, weiß ich nicht –
Doch es will mich schier bedünken,
Dass der Rabbi und der Mönch,
Dass sie alle beide stinken.

Heine

Der Schweißgestank des Rabbiners geht über in den beißenden Geruch verbrannten Fleisches, während der Franziskaner den Schweinsgestank der Sieger mit sich trägt, der die frisch gedruckten Hasstiraden der christlich-germanischen Presse begleitet.

Mathilde

Machen Sie Platz! Allez hopp!

(Sie schmeißt Wagner raus.)

4.3. Monolog

Heine *(zu Heine)*

Ich kann nicht mehr schlafen, und durch den überreizten Geist jagen die bizarrsten Nachtgesichte. Wachende Träume, die übereinander hinstolpern, so dass die Gestalten sich abenteuerlich vermischen, und wie im chinesischen Schattenspiel sich jetzt zwerghaft verkürzen, dann wieder gigantisch verlängern; zum Verrücktwerden … .
Ich sehe über die Häupter der armen Juden ein Verfolgungsgewitter ziehen, das ihre früheren Erduldungen noch weit überbieten wird …
Mit ihrer „Emanzipation" in Europa wähnen sie sich in Sicherheit, sie ahnen nicht, dass sie als Repräsentanten des Geldbesitzes den Hass der Völker gegen den Reichtum zu spüren bekommen werden: alle Blitze des Hasses! Selbst wenn die Christen in Handel und Gewerbe ebenso große Spitzbuben und ebenso reich wie einige Juden geworden sind …

(Mathilde sieht, wie Mouche ein Bild küsst; sie nimmt es ihr weg.)

Mathilde

Oh! Dein Henri! Hm? hm, **dein** Henri? Du falsche Schlange!

Mouche

Madame Heine, lassen Sie mich doch träumen – er gehört Ihnen. Sie sind seine Frau! … Ich … ich … ich will doch nur … ich liebe ihn, … ja! Aber ich nehme nichts, was Ihnen fehlen könnte. Vielleicht gebe ich ihm Träume, die ihm sein Sterben leichter machen, … er vergisst für ein paar Minuten seine Schmerzen! Und das … das macht mich glücklich! Nur das, Madame Heine!

Mathilde (*geht zu ihrem Papagei, um ihn zu streicheln, der aber krächzt abscheulich.)*

Elise, rien! Nichts braucht er von Ihnen! Er hat alles: er hat mich – endlich mich allein! – mich und seine Dichtung … sonst braucht er nichts! … ja, ja, ja! … nein! Ich weiß! Er will es, also muss ich! Er denkt mich und so bin ich. So ist das bei René Descartes wie bei Henri Heine. Genau so!

5. Szene

5.1. Romanzero II – Schlacht bei Hastings

(Heine, Wagner, Mathilde, Mouche)

Heine (*wütend)*

Nicht diesen Lärm! Nicht dieses Schlachtgetümmel in meinen armen Ohren! Nicht dieses ohrenbetäubende Gekreische! 11. Gebot: Du sollst keinen Lärm machen!

(Schlagartig ist Ruhe.)

Heine (*schreibend, denkend)*

Die Schlacht bei Hastings ist vorbei … Jetzt kommt der Abt von Waltham, er hat die Nachricht vom Sieg der Normannen bekommen – 1066! Der Abt des bedeutenden Klosters nahe London ist ein angelsächsischer Nationalist. Wer spielt ihn? … Es muss ein Historiker sein, ein preußischer Nationalist … Treitschke könnte er heißen oder … natürlich: von Treitschke. Auftritt! Ach nein! Wagner kommt schon wieder. Warum spielt der alle diese Rollen?

Wagner *(diesmal überlebensgroß)*

Der Abt von Waltham seufzte tief,
Als er die Kunde vernommen,
Dass König Harold elendiglich
Bei Hastings umgekommen.

Zwei Mönche, Asgod und Ailrik genannt,
Die schickt' er aus als Boten,
Sie sollten suchen die Leiche Harolds
Bei Hastings unter den Toten.

Heine (*der die Fortsetzung der Handlung entwickelt.)*
Die Mönche finden ihn nicht, gar nichts finden sie. Der Abt schickt sie zu Edith Schwanenhals, Harolds Jugendliebe. Die wohnt in ... ? Wie heißt noch mal dieses Untier in dem altenglischen Heldenlied, dem Beowulf?

Wagner
Zu Grendelfield

Heine
Ja, Grendel! Und die Sänger, die Barden:
Zu Grendelfield am Bardenstein

Wagner
Just in des Waldes Mitte.
Da wohnet Edith Schwanenhals
In einer dürft'gen Hütte.

Man hieß sie Edith Schwanenhals,
Weil wie der Hals der Schwäne
Ihr Nacken war; der König Harold,
Er liebte die junge schöne.

Er hat sie geliebt, geküsst und geherzt,
Und endlich verlassen, vergessen.
Die Zeit verfließt; wohl sechzehn Jahr
Verflossen unterdessen.

Begebt euch, Brüder, zu diesem Weib
Und lasst sie mit euch gehen
Zurück nach Hastings, der Blick des Weibs
Wird dort den König erspähen.

Um Mitternacht gelangten schon
Die Boten zur Hütte im Walde:
„Erwache, Edith Schwanenhals,
Und folge uns alsbalde.

Komm mit nach Hastings, wir suchen dort
Den Leichnam unter den Toten,
Und bringen ihn nach Waltham-Abtei,
Wie uns der Abt geboten.“

(Die Puppe der Edith Schwanenhals; Musik + Geräusche – Mathildes Papagei krächzt schauerlich.)

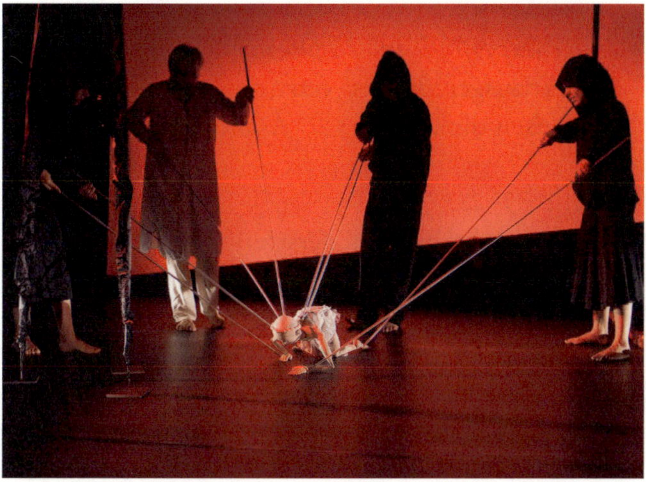

Es folgte barfuß das arme Weib
Durch Sümpfe und Baumgestrüppe.
Bei Tagesanbruch gewahrten sie schon
Zu Hastings die kreidige Klippe.

Der Nebel, der das Schlachtfeld bedeckt
Als wie ein weißes Lailich,
Zerfloss allmählich; es flatterten auf
Die Dohlen und krächzten abscheulich.

(Der Vortrag wird unterbrochen; Heine bekommt einen Erstickungsanfall, Krämpfe, windet sich am Boden; Musik: Schmerzen! Mathilde nimmt ihn in den Arm; er beruhigt sich langsam, atmet schwer, Mouche spricht auf seinen Wink hin weiter. Ohne Musik.)

Mouche
Viel tausend Leichen lagen dort
Erbärmlich auf blutiger Erde,

Heine *(Text erfindend, schreibend)*
Nackt ausgeplündert, verstümmelt, zerfleischt,
Daneben die … Äser? … Äser der Pferde.

Mouche
Nackt ausgeplündert, verstümmelt, zerfleischt,
Daneben die Äser der Pferde.

Heine
Es wadete Edith Schwanenhals
Im Blut mit nackten Füßen;

Wie Pfeile aus ihrem stieren Aug'
Die forschenden Blicke schießen.

Sie suchte hin, sie suchte her,
Oft musste sie mühsam verscheuchen
Die fraßbegierige Rabenschar;
Die Mönche hinter ihr keuchen.

Sie suchte schon den ganzen Tag,
Es ward schon Abend – plötzlich
Bricht aus der Brust des armen Weibs
Ein geller Schrei, entsetzlich.

Gefunden hat Edith Schwanenhals
Des toten Königs Leiche.
Sie sprach kein Wort, sie weinte nicht,
Sie küsste das Antlitz, das bleiche.

Sie küsste die Stirne, sie küsste den Mund,
Sie hielt ihn fest umschlossen;
Sie küsste auf des Königs Brust
Die Wunde blutumflossen.

Mouche

Auf seiner Schulter erblickt sie auch –
Und sie bedeckt sie mit Küssen –
Drei kleine Narben, Denkmäler der Lust,
Die sie einst hineingebissen.

Heine

Denkmäler der Lust! Ha, der Lust! Denkmäler der Lust! Diese Erkennungsmerkmale! Ja,

Richard Wagner, das sind doch ganz andere Male als die Denkmäler für Ihre germanischen Helden und Götter.

Wagner

Herr Heine, die Geschichte eines Königs wie dieses Harold, der im Kampf gegen die eroberungssüchtigen Franzosen wie ein Held untergeht, geht mir sehr nahe.

Heine

Die Geschichte habe ich von dem französischen Historiker Augustin Thierry, dem Heldenmut und kriegerische Vorbilder zur Steigerung der französisch-deutschen Feindschaft wichtig sind.

Wagner

Streichen Sie doch die krude Naturalistik des Schlachtfeldes. Wie wunderbar romantisch hat Horace Vernet diese Szene gezeichnet: Edith Schwanenhals entdeckt ihren noch immer geliebten Harold. Sie beugt sich über ihn, über sein blasses Antlitz.

Heine

Da sind Sie sich einig mit den französischen „Erbfeinden" der deutschen Kunst? Und ich soll diese nationalistische Schönfärberei mitmachen? … Nein! Ich schreibe andere Geschichten, Geschichten, die vom wirklichen Leben und Sterben handeln, nicht von der herrschenden Propaganda, die junge Menschen zu neuen Kriegen begeistern will … Wer an die Narben der Lust denkt, denkt an die Lebenden, denkt an ihre vergangene Lust und ihre gegenwärtige Todesqual; und nach der Schlacht sieht er den verwesenden Körper Harolds, riecht seinen Verwesungsgestank und – den forschenden Blick der Augenzeugin übernehmend – sieht er die Verwesenden als Lebewesen: Ritter, Soldaten, Pferde, in deren „Brei“ Edith Schwanenhals mit weit aufgerissenen Augen den ganzen Tag herum gewatet ist.

(Musik: Gerassel, Getute wie „Pöbel“ – dissonant sich steigernd.)

Wagner

Das eben macht Sie und Ihre Dichtung so gefährlich für unser vaterländisches Denken und die Gesinnung, die wir heute brauchen – Sie sind und bleiben ein Jude, der unseren Begriff von Sittlichkeit zu zersetzen und zu zerstören sucht, wo er nur kann und wenn wir ihn lassen ... Ihnen fehlt jegliches deutsche Empfinden; Sie sprechen die Sprache der Hinterhältigkeit, vermischt mit Niederträchtigkeit und Ekel, ... eine so romantisch-schöne Geschichte – aus der ich eine Oper machen könnte – mit wenigen Versen so zu verhunzen! Sie missbrauchen Ihr Talent zu einer raffiniert konstruierten Verunreinigung des Heldentums, seiner menschlichen Größe, ja: zur Zersetzung des Deutschtums.

Heine

Mein Glückwunsch! Sie werden ein großer deutscher Künstler werden, man wird Sie verehren,

Plätze und Straßen nach Ihnen nennen, Schulen auf Ihren Namen taufen! Sie sind auf dem besten Weg! Glückwunsch! … O Wahnsinn, du heißt Zukunft!

6. Szene

6.1. Der große Einzug in die Manege zum Finale
– ein Satyrspiel

(Drehen an der Uhr, eine Negativ-Vision, am Ende zerstört Heine auch noch die letzte Illusion, macht die Bühne als Vehikel sichtbar: „Mental-Theater", auch als seine jetzt notwendige Form.

Heine, Bürgermeister von Paris, Herr Kruse, Frau Brusis, Herr Linsel, Herr Dr. Maurice, Frau Seebacher-Brandt, Mathilde und Mouche.

Auf der Bühne werden Elemente einer Ausstellung zu Heines 200. Geburtstag und einer Gala zu seinem 150. Todestag feierlich sichtbar; nach der „Eröffnung" wird das Publikum einbezogen, indem es mit Splittern aus Heines Werk von verschiedenen Seiten und einem Bilderreigen aus seinem Leben „attackiert" wird.

Musik: Hintergrundklänge aus Heine-Lied-Zitaten u. a. von Schumann, Schubert.)

Kruse

Der Bürgermeister von Paris und die Oberbürgermeisterin von Düsseldorf!

Beide

Düsseldorf und Paris richten im Heine-Jahr 1997 eine große Heine-Ausstellung aus: Wir wünschen, dass dem Andenken des Dichters bereits hierdurch auf angenehme und fesselnde Weise ein neues Jahrhundert eröffnet wird.

Kruse

Die Ministerin für Stadtentwicklung, Kultur und Sport des Landes Nordrhein-Westfalen

Frau Brusis

Von der Präsenz eines Dichters wie Heine in den Köpfen und Herzen heute, vom Erfolg seiner Ideen hängt in der Tat das Wohlergehen unserer kulturellen Zukunft ab.

Kruse

Der Sekretär der Stiftung Kunst und Kultur des Landes Nordrhein-Westfalen

Sekretär Herr Linsel

Es geht auch darum, der Jugend neben der unsterblichen Poesie jene herausfordernden Ideen und blitzenden diagnostischen Erkenntnisse zu vermitteln, in der sie sich wiedererkennen könnte.

Kruse

Der Generalsekretär der Kulturstiftung der Länder

Generalsekretär Herr Dr. Maurice

Mit jeder Würdigung wird das so notwendige Andenken an einen politischen Poeten von europäischem, ja weltliterarischem Rang befördert.

Kruse

Frau Dr. Seebacher-Brandt, Kultur-Stiftung der Deutschen Bank

Frau Seebacher-Brandt

Mit seinen kosmopolitischen Visionen ist er auch unserer Zeit noch voraus. Die neuen Medien von heute können sogar die Vergangenheit wiederbeleben, und so wird er uns auf wunderbare Weise gegenwärtig.

(Musik unterbricht.)

Heine

Ich Narr des Glücks.

(Kruse und Heine geben sich die Hand.)

Heine

Herr Professor Dr. Kruse, Heinrich-Heine-Institut Düsseldorf!

Kruse

„Heinrich Heines Name ist unsterblich."

(Musik setzt wieder ein; Klangwand aus traditionellen Liedvertonungen von Heinegedichten? Geht über in Schmerzenslaute: „kaum auszuhalten!" Mathildes Papagei!)

Mathilde und Mouche, dann Heine und Kruse

(Heine-Salat, ablesend, wiederholend, der erste und der letzte Vers gut zu verstehen.)

Ich weiß nicht, was soll es bedeuten.
Ein Fichtenbaum steht einsam. Nennt man die besten Namen, so wird auch der meine genannt. Sie saßen und tranken am Teetisch. Wir wollen hier auf Erden schon das Himmelreich errichten. Die Lotosblume ängstigt sich vor der Sonne Pracht. Im düstern Auge keine Träne, sie sitzen am Webstuhl und fletschen die Zähne. Im Rhein im schönen Strome, da spiegelt sich in den Well'n. Die Augen, die Lippen, die Wänglein, die sah ich schöner nie. Herz, mein Herz sei nicht beklommen. Mein Herz, mein Herz ist traurig, doch lustig leuchtet der Mai. Täglich ging die wunderschöne Sultanstochter auf und nieder. Im traurigen Monat November war's. Ich hatte einst ein schönes Vaterland. Alles was deutsch ist, ist mir

zuwider, ich bin ein deutscher Dichter, bekannt im ganzen Land. Es dunkelte gar zu sehr.

(Dieselben abwechselnd:)

- Hat Heine Deutschland geliebt?
- War er eigentlich Jude, Protestant oder katholisch?
- Und was hat er zum Kölner Dom gesagt?
- Sind Heine und Eichendorff Gegensätze oder ähnlich?
- Hat er den Kommunismus befürwortet oder gefürchtet?
- Was sagt Reich-Ranicki über ihn bzw. gegen Karasek?
- Gibt's inzwischen wieder einen Heinepreisträger?
- Düsseldorf, London, Paris – „Heine und die große Stadt", gehört dazu auch Stuttgart?
- Hat er nun mit der Belgiojoso oder hat er nicht?
- War er ein Frauentyp, war er blass und untersetzt, war er nicht hässlich?
- Frauen hat er doch herabgewürdigt, zumindest mussten sie sich arg ärgern über ihn, Sie auch?
- Eigentlich hatte er Angst vor Frauen, er war wohl impotent?
- Frauen waren für ihn Fabelwesen: Hexen, Feen, Elfen, Willis, Mythen, nicht wahr?
- War er nicht homosexuell?
- Hat er Schwule nicht denunziert, siehe Platen?
- Also, mit dem Schwabenspiegel ist er zu weit gegangen, Mörike hätte er nicht attackieren sollen, oder?

- Hat nun Ulrich Tukur auswendig gesprochen oder hat er abgelesen im Fernsehen?
- Mathilde war nur ein Dummchen, er brauchte halt eine, die sich um ihn kümmert, was meinen Sie?
- Sie hieß gar nicht Mathilde, auch nicht Eugénie, hieß sie nicht Augustine?
- Ist er wirklich 1797 geboren, nicht 1798 oder 1799?

7. Szene

7.1. Romanzero III – Im Oktober 1848

(Musik kommentiert mit Andeutungen, die dem Text entsprechen: Weihnachten, Familienglück, „Guter Mond ... " Militärmusik, Feuerwerk, Liszt: ungarisch; Meeresbrausen. Keine Trompeten! Dissonanzen. Zu Nibelungen: verratzte Wagneranklänge bis zu „Es ist dasselbe Schicksal auch." Anklang der deutschen Nationalhymne, evtl. WM-Fassung? oder gemütvolle Walzerklänge.

Mathilde hängt Wäsche auf: Decken, in die „Heimatliches" gestickt oder aufgenäht ist: Alles Mögliche, was an die deutschen Lande erinnert; Mouche und Mathilde wiederholen mal einen Vers oder ein Wort des Textes, lesen mal einen nationalen Sinnspruch von der Wäsche runter, summen oder singen mit oder tanzen: Text, Melodie, die gespielt wird; kurz sie machen Stimmung. Am Schluss lautmalerisch und übertrieben die Worte des Textes: „Doch wir geraten ... und grunzt"; gegen Ende des Vortrags kommt Goethe wieder auf die Bühne.)

Heine
Im Oktober 1849

Gelegt hat sich der starke Wind,
Und wieder stille wird's daheime;
Germania, das große Kind,
Erfreut sich wieder seiner Weihnachtsbäume.

Wir treiben jetzt Familienglück –
Was höher lockt, das ist vom Übel –
Die Friedensschwalbe kehrt zurück,
Die einst genistet in des Hauses Giebel.

Gemütlich ruhen Wald und Fluss,
Von sanftem Mondlicht übergossen;

(Tonfallwechsel vom gemütvollen zum täppisch-belehrenden Ton.)

Nur manchmal knallt's – Ist das ein Schuss? –
Es ist vielleicht ein Freund, den man erschossen

Vielleicht mit Waffen in der Hand
Hat man den Tollkopf angetroffen

Es knallt. Es ist ein Fest vielleicht,
Ein Feuerwerk zur Goethefeier! –

Auch Liszt taucht wieder auf, der Franz,
Er lebt, er liegt nicht blutgerötet
Auf einem Schlachtfeld Ungarlands;
kein Russe noch Kroat' hat ihn getötet

(Tonfallwechsel: ernsthaft.)

Es fiel der Freiheit letzte Schanz',
Und Ungarn blutet sich zu Tode –

Und diesmal hat der Ochse gar
Mit Bären einen Bund geschlossen –

Du fällst; doch tröste dich, Magyar,
Wir andre haben schlimmre Schmach genossen.

Anständ'ge Bestien sind es doch,
die ganz honett dich überwunden;
Doch wir geraten in das Joch
Von Wölfen, Schweinen und gemeinen Hunden.

Es heult und bellt und grunzt – ich kann
Ertragen kaum den Duft der Sieger.
Doch still, Poet, das greift dich an –
Du bist so krank, und schweigen wäre klüger.

(Musik: Ende.)

Goethe

Ja, schweigen wäre klüger.

Heine

Ich schweige nicht, … ich schreibe, weil ich diesen Kräften, die sich in ganz Europa durchgesetzt haben: in Preußen und Österreich wie in Paris, diesen Nationalisten und liberalen Welteroberern, weil ich denen nicht kampflos das Feld räumen möchte.

Goethe

Sie? … Kämpfen? … Hier in Ihrer „Matratzengruft"? Als Sterbender, todkrank, gelähmt? – verzeihen Sie! – das ist lächerlich!

Heine (*das ach unterschiedlich aussprechend: 1 jammernd, 2 drohend, 3 zynisch.)*

„Aber, ach, ich bin unsterblich!" Ich falle in dieser erbarmungslosen Schlacht, körperlich bin ich tot, ja, doch ach! Ich falle unbesiegt – … Ich habe gebrochen mit dieser ganzen Brut … mit diesen ach! … sogenannten Liberalen.

Goethe
Immerhin vertreten sie die Menschenrechte.

Heine *(sich hineinsteigernd, Mathilde und Mouche bringen den folgenden Schriftzug an, während er spricht.)*

Heil dem Manne, dessen Hand
Deine junge Brut ergreift
Und zerschmettert an der Felswand!

Ideale wie die Menschenrechte führen diese Besitzmenschen stets und gerne im Mund … Im Juni 48 habe ich hier in Paris erlebt, wie diese Klasse ihre Macht nutzte, um den Besitzlosen, die ihr Menschenrecht, das Recht genug zu essen zu haben, einforderten, um diesen Armen ein für alle Mal zu zeigen, dass der Weltgeist über sie hinweggeht.

(Musik / Klangwand)
Sie haben Tausende ermordet, sie haben die Pariser Arbeiter in ihrem Blut ertränkt, die Überlebenden hingerichtet, zu lebenslanger Zwangsarbeit

verurteilt, auf die Inseln deportiert: verfemt, verstoßen, gemartert, erschlagen, erhängt, vergast … Das war ihre Botschaft für die Zukunft Europas und der Welt: Das Schlachtfeld!

(In qualvollen Krämpfen, doch lächelnd, windet sich Heine auf der Bühne; Musik: Übergang zum letzten Bild, das mit einer Art Tanz der beiden Kontrahenten beginnt.)

8. Szene

(Goethe, Heine)

Goethe

Sind Sie nun doch ein Jakobiner, der die Kunst für politische Zwecke missbraucht? … Kunst hat nichts andres als Schönheit im Sinn!

Heine

Sicher! Herr Goethe, Schönheit. Aber auf Kosten der Wahrheit? Und die Künstler haben den Markt zu bedienen, auf dem mit Schönheit gehandelt wird?

Goethe

Natürlich nicht! Kennen Sie mich so schlecht? … Wir sind Dichter; für uns gilt es, im Alltäglichen, in der teilnahmslosen Anschauung eines Gegenstandes das Bedeutende zu entdecken: das Symbolische. Diesem dann die angemessene Form zu geben, ihn mit Schönheit zu beseelen – das ist Kunst.

Heine

Beifall, Herr Goethe. Sehr schön gesagt! Doch eben diese, die Seele der Kunst, ist erloschen – wie das Wachslicht am Ende der Sabbatfeier. An der Violine ist eine Saite gerissen – ein schollernd schnöder Klang, ganz unschön! Und die unsterbliche Seele meiner Dichtkunst ist wie entseelt.

Goethe

Dann ist Dichtung nicht mehr möglich – Sie sind ein armer Poet! Einer wie Hölderlin, dessen Dichterseele in sich selbst versunken, ja ertrunken ist.

Heine

Nein! Da bin ich entschieden anderer Meinung. Eine Kunst, die sich dem Schönheitsdiktat des Marktes nicht unterwirft, … ist wie … Liebe, die sich nicht prostituieren lässt, … wie ein Leben, das dem Marktprinzip die eigene Person verweigert, ohne sich aufzugeben.

Goethe

Das verstehe ich nicht.

Heine

Ich habe dazu eine Parabel geschrieben –
Nächtliche Fahrt. Vielleicht ist es nur als Dichtung verständlich.

(Heine nötigt Goethe in das „Boot", sein Bett o. ä., die Figurenspielerinnen kommen mit der Gestalt der weißen, reinen Schönheit hinzu; der Papagei kreischt am Höhepunkt; Goethe liest ungerührt ab, was da geschrieben steht. Musik: Komposition.)

Heine

Es wogte das Meer, aus dem dunklen Gewölk
Der Halbmond lugte scheu;

Goethe
Und als wir stiegen in den Kahn,
Wir waren unsrer drei

Mouche
Es plätschert im Wasser des Ruderschlags
Verdrossenes Einerlei;
Weißschäumende Wellen rauschten heran,
Bespritzten uns alle drei.

Goethe
Der Mond verbirgt sich ganz. Es pfeift
Der Nachtwind kalt vorbei;
Hoch über unsern Häuptern ertönt
Plötzlich ein gellender Schrei.

Heine
Bin ich im Fieber? Ist das ein Spuk
Der nächtlichen Phantasei?
Äfft mich ein Traum? Es träumet mir
Grausame Narretei.

(Sprechpause; nur Musik; danach weiter.)

Grausame Narretei! Mir träumt,
Dass ich ein Heiland sei
Und dass ich trüge das große Kreuz
Geduldig und getreu.

Die arme Schönheit ist schwer bedrängt,
Ich aber mache sie frei
Von Schmach und Sünde, von Qual und Not,
Von der Welt Unfläterei.

Du arme Schönheit, schaudre nicht
Wohl ob der bittern Arznei;
Ich selber kredenze dir den Tod,
Bricht auch mein Herz entzwei.

Mathilde
O Narretei, grausamer Traum,
Wahnsinn und Raserei!
Es gähnt die Nacht, es kreischt das Meer,

Heine
O Gott! O steh mir bei!
O steh mir bei, barmherziger Gott!
Barmherziger Gott Schaddey!
Da schollert's hinab ins Meer – o Weh –

(Mouche und Mathilde verschwinden mit der Figur und mit dem Papagei; Musik: Wahnsinnsklänge; Schmerzerinnerung; jüdisch-sephardische Assoziation.)

Heine

Schaddey, Schaddey, Adonay! –

(Stille)

Goethe

Die Sonne ging auf, wir fuhren ans Land,
Da blühte und glühte der Mai!

Heine

Und als wir stiegen aus dem Kahn
Da waren wir unsrer zwei.

(Heine und Goethe allein auf der Bühne, bis die Musik, die wieder eingesetzt hat, ausklingt.)

Rezension der Uraufführung: „romanzero. disparates“ von Hanns Frericks, gekürzt in Double 1/2008

Heinrich Heine im FITZ! Zentrum für Figurentheater Stuttgart, Oktober 2007
„Paris, 50, Rue d’Amsterdam. Früher Morgen. Ein schwerkranker, halb gelähmter, fast blinder Mann erwacht aus seinem durch Morphium herbeigeführten Schlaf und beginnt wieder den Kampf gegen die stärker werdenden Schmerzen. Sein Mittel, sie auszuhalten statt sie mit dem stets griffbereiten Gift durch Suizid zu beenden, ist die Dichtung. In der ‚Matratzengruft‘, wie er den Raum nennt, in dem er die letzten acht Jahre seines Lebens verbringt, setzt er sich neu mit seinem Leben und seinem Werk auseinander. Gescheitert ist die Revolution, die ihn erst verstummen ließ. Jetzt will er nicht mehr schweigen. Er entwirft eine neue Art der Dichtung. Der Dichter heißt Heinrich Heine und inszeniert sein letztes großes Werk: ‚Romanzero‘. – Die fiktive, für das Stück erfundene, doch biografisch plausible Situation der intensiv erlebten Assoziationen im Moment des Schreibens wird durchsetzt mit Begegnungen, die an Heines ‚Romanzero‘ anknüpfen; darüber hinaus treten Figuren der Lebenswelt Heines auf sowie Frauen seiner Kindheit und seiner Gegenwart. Sie werden eingebunden in Geschichten und Imaginationen, werden erinnert und deformiert.“

So formuliert Helmut Landwehr in einem Info-Text zu seinem Stück: eine biografisch, historisch, kunsttheoretisch und künstlerisch packende Ausgangssituation eines komplex und spannend entwickelten Stückes.

„Disparates" ist die leitende Idee: Es ist dies der Kompositionsansatz des „Romanzero". Romanzen sind die Basis, ihrerseits vielfältig gebrochen, abgebrochen, konfrontiert mit Texten zu Sterben und Tod, mit Erinnerungen und geschichtlichen Texten, mit poetologisch zu lesenden Geschichten – all dies in Form lyrischen Sprechens. Disparat ist auch Heines Arbeitsweise: Eine Vielzahl von Zitaten, Anspielungen, Quellen werden eingearbeitet, neu arrangiert, überraschend in ihren Bezügen zueinander, Konnotationen und aktuellen Bezügen. Der Ansatz des Disparaten ist zugleich auch das Konzept des Stückes, der Regie und der Szenografie.

Des Stückes

Am Anfang steht Heine in seinen Todesängsten, seinem verzweifelten Kampf um das Leben. Ihm begegnet in seiner Erinnerung sein dichterischer Antipode Ludwig Börne, in einem scharfen Dialog werden zwei Konzepte von Dichtung miteinander konfrontiert: Mittel im politischen Kampf und Kunst in ihrer Autonomie.

Es folgt ein Blick auf Heines Erotica: seine Cousine Molly, seine Frau Mathilde und seine letzte Beziehung, die er Mouche nannte.

Die Rezitation und szenisch atmosphärisch fesselnde Präsentation des „Weißen Elefanten" schließt an, vermeintlich eine märchenhafte Geschichte aus Siam und zugleich eine ironische und hellsichtige Spiegelung des Kolonialismus. Goethe tritt auf,

Antipode auch er, in anderer Hinsicht als Börne zuvor, der Klassiker auf dem Podest realitätsabgehobener Größe. Und wieder die Erinnerung an Sefchen, seine erste Düsseldorfer Liebe, rührend und berührend in ihrer Zartheit, rührend zu „Perlentränen", dem zentralen Motiv Heines in seiner Erinnerung an Jehuda ben Halevy, den großen jüdischen Dichter, und seine Trauer um den Fall Jerusalems.

Helmut Landwehr markiert hier deutlich, dass der späte Heine die jüdische Tradition als eine der Säulen Europas ins Bewusstsein gehoben hat. Mit der durch Eifersucht geprägten Auseinandersetzung zwischen Heine und seiner Frau tauchen wir wieder ein in die biografische Situation, bis Wagner auftritt, hier als Vertreter einer romantisch rückwärtsgewandten Ästhetik und Antisemit gleichermaßen.

Es folgt die Präsentation eines der interessantesten historischen „Romanzen" aus dem „Romanzero", des „Schlachtfeld bei Hastings", zugleich ein bewegendes, erschütterndes Lied auf die Liebe, die in der harten Konfrontation mit den Kriegstoten im Wahnsinn endet.

Disparat schließt das Heine-Jahr 1997 an, kritisch dargestellt als Event: sensationslüstern und Heine verniedlichend, verharmlosend sich einverleibend als Kulturgut. Die tatsächliche Aktualität Heines in seinem scharfen Blick auf den Neoliberalismus nach 1848, in seiner Einsicht in die Verflachung und Vernutzung der Kunst durch Kommerzialisierung, im Klartext und noch einmal poetisch dargestellt in der „Nächtlichen Fahrt", der Absage an die Kunstperiode, an das Programm schöner Kunst.

Disparat auch die Texte: Textpräsentationen, Zitate, Montagen, Erfindungen, dramatisch zugespitzt im Dialog oder Gegeneinander der Montage, monologisch als Aufschrei oder auch als liebevolle Erinnerung präsentiert. Spannend ist der Wechsel der Themen und Motive, nicht ganz leicht aber auf der Bühne zu realisieren.

Der Regie

Vier Schauspieler stehen auf der Bühne, eindrucksvoll wandlungsfähig in den verschiedenen Rollen drei von ihnen: Yana Novakova als Molly und Mathilde, Miriam Paul als Molly, Mouche und Sefchen, Robert Atzlinger als Börne, Goethe und Wagner. Einer bleibt der, der er ist: Uwe-Peter Spinner als Heine, eindrucksvoll in der Bandbreite seiner Emotionen und Befindlichkeiten. Alle vier sind von der Regie, Horst Lonius, variabel und intensiv in Szene gesetzt: Der Beginn ist furios: Heines verzweifelter Monolog: „Ich will nicht sterben! Ich kann nicht sterben!“ Unterstrichen wird er körperlich, das Blut bricht aus ihm heraus, am Ende ein roter Lebensstrang, von ihm vermessen mit einer roten Leuchtröhre, seinem Lebenslicht.

Es folgen in überzeugend geplantem Timing und Rhythmus dichte Dialogansätze, ganz ruhige und stille Szenen (Sefchen), dramatische Ausbrüche (Heine – Mathilde), die wiederum in tief traurigem Verstummen sich auflösen (Mathilde). Es gibt das stumme Spiel, es gibt die Umsetzung nur in Bewegung, musikalisch rhythmisch gesteuert und choreografisch umsichtig geplant (Molly und Mathilde), es gibt ein chorisches Sprechen (Molly und Mathilde), es gibt die monologische und die im Wechsel von vier Stimmen dramatisch umgesetzte Präsentation von Heine-Texten.

Hilfreich, nicht zu dominant erfolgt der Einsatz der Musik, breit gestreut in der historischen Auswahl, im Wechsel des Genres, in der Instrumentation; bewundernswert das Gespür dafür, ob überhaupt und für welche Szene welche Musik passen könnte: Es passt durchgehend (Dietrich Lutz). Strukturell einfache, dichte, dialogisch angelegte Szenen herrschen vor, variiert gelegentlich durch vielschichtige Szenen: der monologische Vortrag des „weißen Elefanten“ wird von Heine mimisch stumm begleitet, bildlich umgesetzt durch ein Schattenspiel (Fernost war der Ursprung des Schattenspiels) und die Projektion von Bildern, akustisch durch Töne und Geräusche, wie sie bei einer Karawane vielleicht zu hören wären und – immer wieder – durch Vogeltöne, die der Heineschen Matratzengruft: Mathilde hielt sich einen Papageien und Dutzende von Kanarienvögeln. Überladen nicht, aber komplex: Disparates.

Der Szenografie

Das Stück lebt von der Regie, die Regie hat zur Grundlage eine ungemein klare und überzeugende Szenografie (Sylvia Wanke): Was ist damit gemeint?

Ein einfaches und variables Bühnenbild: vorne Heines Bett, ein metallenes Dreieck mit Bettlaken, daneben ein metallenes Stabdreieck, verhangen von einem weißen Totenlaken. Beides mutiert: das Stabdreieck wird zu einem Segelboot, auf das Bettdreieck gelegt zum Schluss entsteht ein Judenstern. Vorne rechts ein großer, metallener Käfig: Mathildes Papageienkäfig; er mutiert zum Sultanspalast in der Präsentation des „Weißen Elefanten", zum Käfig von Mathildes Eifersucht und Verzweiflung mit diesem Mann, der bis in seinen Tod hinein seine Beziehungen hat. Im Hintergrund eine metallene Guillotine, Auf- und Abgang unterschiedlicher Figuren. Den Szenenwechsel markiert die Rückwand: blutig rot zu Beginn, später auch grün und blau getönt (Lichtgestaltung: Doris Schopf).

Die Kostüme: Heine bleibt der, der er ist: weiß sein langes Nachthemd über einer weißen langen Hose. Die anderen Personen deuten ihre Rollen jeweils an, rot und knapp gewandet in Stöckelschuhen Heines Liebschaften, sehr bald schwarz gekleidet Mathilde; Börne, Goethe, Wagner figurativ symbolisch, nicht aber durch unterschiedliche Kostüme unterschieden, dunkle Kutten für die Mönche auf dem Schlachtfeld.

Vor allem aber: die Figuren. Der Politclown Börne (rote Nase, schwarz-rot-goldene Luftballons) erinnert aktuell an die Inszenierungen der G-8-Gegner in Heiligendamm.

Figurativ eindrucksvoll Heine mit einem Elefantenkopf, zu verstehen als koloniales Opfer: Die Projektionen während des Vortrags des „Weißen Elefanten" zeigen, wie der Elefant von der europäischen Kultur (Tänzer in Paris) geschluckt, der Palast verkauft wird: disparat nicht, vielleicht aber hier überladen.

Gleichwohl: eindrucksvoll nicht nur die Schattenspielfiguren des Elefanten, vor allem der dreidimensionale Kopf. Wie erkennen wir Goethe? Heine neidete Goethe den „Hausorden vom weißen Falken“: Der Falkenkopf ist Goethes Zeichen; auf dem Arm getragen, ermöglicht er einen stumm dialogischen Umgang mit dieser Figur.

Wagner: Was fällt Ihnen zu Wagner ein? Eine thematische, motivische Gemeinsamkeit von Heine und Wagner? Ein romantisches Motiv? Der weiße Schwan. Als Flügelarm umgesetzt; er mutiert zu einer scharfen Messerkette, wenn Wagner in antisemitische Tiraden ausbricht (mit Texten von Heinrich von Treitschke und Adolf Bartels noch einmal mehr verschärft). Das Düsseldorfer Heine-Fest von 1997, im Kern eine Textcollage, wird – eindringlich gestaltet – von drei riesigen Kopfmasken, besser, lebendigen Puppen präsentiert: ein Kasperle-Theater in der Tat.

Der Höhepunkt ist die Erfindung der Figur der Edith Schwanenhals zum „Schlachtfeld von Hastings“: eine kleine Frauengestalt, höchst ausdrucksvoll ihr schönes, von Melancholie oder Trauer geprägtes Gesicht, von vier Personen, die zugleich Heines Text sprechen, an acht langen Stäben geführt, geführt und gezwungen zur Suche nach dem toten, ehemals geliebten König. Ganz und gar am Text orientiert, werden die Stangen zu Pfeilen von Ediths Blicken, die das Schlachtfeld absuchen; und sie heben die Figur in ihrer Freude hoch, als sie den toten Geliebten findet. Ein Höhepunkt zweifellos dieser Reihe intensiver Szenen zu Heines „Romanzero“.

Das Fazit: ein ungeheuer komplex und anspielungsreiches Stück für Heine-Kenner, für die mutmaßliche Mehrheit der übrigen: ein Stück, das von seiner Bildkraft lebt, spannend inszeniert, und mit seinen Heine-Texten anregt zur Entdeckung eines großen Autors: Heine lesen, laut lesen, inszenieren!

Das erste Stück zu Heines „Romanzero“ (2006; nicht aufgeführt)

Vorbemerkungen

- **zum Inhalt**

In Heines 150. Todesjahr sollte die „dritte Säule meines dichterischen Ruhmes“, wie Heine den „Romanzero“ nannte, Kern einer Inszenierung werden, die dem Publikum eines der größten Werke der deutschen Literatur vorstellen möchte. Die Welt des „Romanzero“ erstreckt sich zeitlich von den Pharaonen des biblischen Zeitalters bis zu Heines Gegenwart und behandelt auch heute noch aktuelle Thermen und Legenden, die rund um den Globus spielen: in Mexiko, Thailand, Persien, Spanien usw. – nur ein paar wenige Romanzen daraus können im Stück vorkommen.

Als Handlungsrahmen dient eine Begegnung mit dem bis zum Ende der Revolution 1849 mit politischen Gedichten und Satiren Heine nacheifernden Schriftsteller und Kaufmann Georg Weerth, dessen 150. Todesjahr 2006 ebenfalls zu verzeichnen ist, im Februar 1851.

Weerth besucht Heine, um den verehrten Dichter einmal persönlich kennen zu lernen. Heine möchte Weerth dafür gewinnen, den seit Jahren abgebrochenen Kontakt mit seinem Hamburger Verleger Campe wiederherzustellen, um endlich seinen neuen Romanzenzyklus für eine möglichst hohe Summe zu verkaufen und auf den Markt zu bringen.

Dies ist der Anlass, dem Besucher den in den Jahren zuvor entstandenen und kurz vor der Fertigstellung stehenden Gedichtband vorzustellen.

Allerdings ist der Dichter in Paris seit März 1848 ans Bett gefesselt, sein Körper in seinen eigenen Worten (im Nachwort zum „Romanzero“) „so sehr in die Krümpe gegangen, dass schier nichts übrig geblieben als die Stimme“. Sein Leib liege tot im Grabe, nur sein Geist sei noch lebendig. Seine Wohnung bezeichnet er als „Matratzengruft“ und vergleicht sie mit dem „tönenden Grab des Zauberers Merlinus“.

Das insgesamt acht Jahre dauernde Sterben Heines – teilweise gelähmt, fast erblindet – ist Thema und Grundlage für die besondere Inszenierungsweise als Schauspiel und Figurenstück – der todkranke und unter qualvollen Schmerzen leidende Dichter hält sich nur mit Hilfe von Personen um ihn herum am Leben, besonders seine französische Frau Mathilde, später auch seine letzte Geliebte, „die Mouche“, und – vielleicht noch mehr – durch sein Dichten: Er selbst schreibt über seine Verse, es seien „manche darunter, die wie Zauberweisen meine Schmerzen kirren, wenn ich sie für mich hin summe.“

- **zur Eigenart der Inszenierung**

Die Idee, Heine als Figur auf die Bühne zu bringen, die von den beiden Frauen, die für ihn sorgen und ihm wertvoll sind, gespielt werden, erscheint als „wörtliche“ Übersetzung der Lebenssituation des Dichters und ihre plausible Veranschaulichung. Dem „geführten“ Körper gegenüber steht die („übrig gebliebene“) Stimme, wie sie durch seine

Verse hindurch klingt, die die Sprecherin vorträgt, und in einer weiteren Rolle sein wacher Geist – beide haben den Körper bereits verlassen. Der „Geist“ wird zum Gesprächspartner des Besuchers Weerth, der Heine nur noch in Einzelteilen erlebt: Als Geist, Stimme und Körper, letzterer zerlegt in Auge, Kopf, gelähmten Arm, beweglichen Arm usw. Im Gespräch werden die Texte kommentiert, die Situation des Dichters thematisiert, vor allem aber spannende und für ein heutiges Publikum aktuelle Differenzen ausgetragen, wie z. B. über Liberalismus, Wirkung von Literatur, Religion und Geschichte.

Die Eigenart der Inszenierung geht über die reale Situation in der Pariser Wohnung des exilierten Dichters hinaus in surreale Räume: die der Romanzen, die nur gelegentlich – wie beim „Schlachtfeld bei Hastings“ – mit dem Überlebenskampf im Krankenbett parallelisiert werden.

- **zur Musik**

Die Musik soll mehr als nur Stimmung vermitteln: Sie kommentiert, ironisiert, illustriert und assoziiert zu den Romanzero-Texten. Von ihnen ausgehend, sie vorbereitend oder auf sie Bezug nehmend, auch sie aktualisierend soll sie mit Mitteln der Montage in den Texten vorkommende Zitate aufgreifen, historische Kolorierung vermitteln und gelegentlich eigenständige „Anmerkungen“ machen, alles indem sie bekannte oder vorhandene Melodien und Rhythmen verwendet und collagiert.. Die im Zentrum stehende, vom Text her kurze Romanze „Das goldene Kalb“ soll in einer eigenen Komposition einen ein heutiges Publikum mitreißenden Tanz auf die Bühne zaubern, sodass das tönende Grab zur Tanzhalle wird, in der die Wände wackeln.

Dialogszenen erhalten keine musikalische Begleitung, stattdessen sollen hier Geräusche intoniert werden, die realistisch um Heines Wohnung in Paris herum zu hören sind, über die er sich beklagt und seine „Gruft" als „Grab ohne Ruhe" bezeichnet „ohne die Privilegien der Verstorbenen"; denn er höre von früh bis spät „nur Wagengerassel, Gehämmer, Gekeife und Klaviergeklimpere."

- **zur Besetzung der Rollen**

Heine als Figur auftreten zu lassen, die sich im Verlauf der Handlung in Stücke auflöst, erscheint mir als angemessener Umgang mit dem Dichter, weil mit dieser Darstellung sinnfällig und direkt seine Situation in den letzten acht Lebensjahren so verstanden wird, wie sie Heine selbst beschreibt. „Bespielt" wird die Figur von zwei Frauen, die in ihrer Rolle als Gattin und Geliebte auch historisch ihn umsorgt haben und die nicht nur als Spielerinnen hinter die Figur zurücktreten, die sie auf der Bühne spielen, sondern selbst eine Schauspielrolle verkörpern.

Inwieweit die Stimme Heines unsichtbar bleibt, ist der Entscheidung der Regie anheimgestellt; auf jeden Fall tritt sie im Dialog mit dem Geist Heines auf und auch in anderen Sequenzen, in denen Romanzerotexte dargestellt werden. Meiner eigenen Vorstellung nach sollte sie in schwarzem Ganzkörpertrikot auftreten, das ihren Körper optisch zurücktreten lässt, ohne seine Weiblichkeit ganz zu verdecken. Die Weiblichkeit der Stimme ist sehr wichtig – sie soll sowohl ihrer „Schönheit“ Ausdruck verleihen (in „Nächtliche Fahrt“ stellt sie die „Schönheit“ der Kunst selbst dar, die ins Meer „schollert“) als auch dem weiblichen Anteil Heines. Zudem ist das Umgeben-Sein von Frauen ein wesentlicher Charakterzug des Dichters, der durch den weiblichen „Überhang“ an Darstellern sichtbar werden soll.

Der Geist Heines sollte eher männlich sein – dies entspricht dem Selbstverständnis des Dichters, zumal er die Präsenz des männlichen Körpers betont, wenn er auch nur in der Rolle seines Geistes auftritt. Der Charakter des Geistes – in der Zeichnung Sylvia Wankes zur Buchveröffentlichung der Dissertationsschrift meinem Verständnis nach optimal getroffen – schwankt zwischen dämonischer („Wut“ und Leidenschaft) und ironischer Überlegenheit. Sein Äußeres könnte vielerlei Gestalten annehmen, also anders als die Stimme „kostümiert“ sein.

Denkbar wäre das Verhältnis zwischen Stimme und Geist in einem (argentinischen)Tango darzustellen, den die Beiden in ihrer Dialogszene vorführen – er hat sie im Griff, doch sie reagiert selbstständig.

- zu den Texten Heines

Die Romanzerotexte sind zur besseren Verständlichkeit – und um Längen zu vermeiden – teilweise gekürzt, jedoch ohne sinnentstellende Veränderungen. Die Dialoge sind weitgehend aus Dokumenten zusammengestellt, die in Briefen und zuverlässigen biografischen Darstellungen der beiden Dichter zu finden sind – allerdings verkürzt oder zusammengefasst und sprachlich angepasst. Der Zeitraum der „Matratzengruft“ zwischen 1848 bis zu Heines und Weerths Tod 1856 ist jedoch auf den Februartag der Begegnung 1851 konzentriert; so ist z. B. Heines Geliebte Elise, genannt „Mouche“, tatsächlich erst 1855 in Heines Wohnung erschienen, auch Betty Tendering ist erst 1852 Georg Weerth zum ersten Mal begegnet.

Heines Romanzero
Bilder und Stimmen aus der Matratzengruft

Vorspiel

Weerth *(„übt" seinen Auftritt bei Campe, er spricht anfangs zum Publikum.)*

Gestern bin ich von einer großen Reise zurückgekommen. Geschäfte in Spanien, in Frankreich, … zuletzt Paris. Ich habe ein Angebot dabei … für Sie! Eines der größten Werke der Weltliteratur … "
Nein, das werde ich nicht sagen!
Nein! Ich bin doch kein Marktschreier. Ich werde sachlich bleiben …

„Ich war bei Heine in Paris, Herr Campe, Sie müssen sich rasch entscheiden!

Sein Buch der Lieder und die neuen Gedichte sind bei Ihnen erschienen. Er bietet Ihnen an, auch sein drittes Lyrikbuch zu verlegen: Eine Sammlung spanischer Romanzen. Das wird sich gut verkaufen lassen. Romantik ist wieder sehr gefragt. Auch wird er schon von Verlegern bedrängt. Aus Wien! Prag! Auch aus dem Schwabenland.

Das glauben Sie nicht? Die Schwaben liegen ihm nicht? Ja, ja -

Uhland: ‚Zur Rechten wie zur Linken sah ich einen halben Türken heruntersinken', … und Schiller: ‚ich sei, gewährt mir die Bitte, in eurem Bunde der dritte.' – das ist allerdings komisch, unfreiwillig komisch!"

Ja, ja, … das wird Campe gefallen – auf die Schwaben schimpfen! Das mögen die Hamburger!

„In die schwäbische Reihe passen seine Romanzen nicht, aber … Goethe! Heines neuer Gedichtband ist ein anderer Divan. Ein Gegenentwurf zu Goethes „Westöstlichem Divan!" … Ja! … oder nein? Schiller und Goethe lass' ich lieber ganz weg. Besser, ich sage was zu den Romanzen selbst …

Was hat Heine gestern über sie gesagt? … Die Anordnung sei perfekt! „Die dritte Säule meines dichterischen Ruhmes", … sonst? Eher Rätselhaftes. Theologie. Das sei ein Metier, das ihn schon lange beschäftige. Katholisch sei er geworden – beinahe, … damals im Gymnasium in Düsseldorf, in der Jesuitenschule, … eine glänzende Laufbahn sei ihm prophezeit worden, Papst hätte er werden können, zumindest Kardinal … Nein, das interessiert Campe nicht!

Gestern hat Heine von Maskeraden gesprochen: „Exotik! Indien, Ägypten, Mexiko", und von den großen Liebesgeschichten der Menschheit. Das ist was für einen Verleger!

Doch wenn er heute wieder zu krank ist, unansprechbar in seiner Matratzengruft? Gestern sah er aus wie ein Gespenst, starr und steif lag er da. Aha!“ flüsterte er. „Sie sind also Georg Weerth.“ Und dann eine lange Atempause. – Hat er wirklich geatmet? – Dann kamen noch ein paar Wortbrocken: „Ich brauche Sie … als Geschäftsmann!“

Vielleicht sollte ich bei Campe auf der Mitleidschiene fahren:

„Der arme, elende, todkranke Dichter mit zitternder Hand … gelähmt … am ganzen Körper; mit erstickender Stimme hat er mir leise ins Ohr geflüstert … – oh Herr Campe! Es ist ein Jammer! Der größte deutsche Dichter seit Goethe!“Ja! …

Nein! Das zieht bei Campe nicht. Die Nummer kennt er zur Genüge! Ich muss verhandeln. Seriös – Angebot und Nachfrage! Gewinnaussichten! Die Konkurrenz erwähnen. Vielleicht noch ein wenig die Treue zum Publikum anmahnen:

„Was werden Sie Ihren Kunden sagen, wenn Heine bei Cotta erscheint? Das glauben Sie nicht? Sie werden sehen: Seit Menzel weg ist, der feige Denunziantenknecht, der zu hässlich ist, um dem Laster zu verfallen, und sich deshalb als christlicher Moralapostel ausgibt, als Wächter des nationalen Deutschtums, der alle Fremdländischen und Fremdrassigen ankläfft, … ja seit Menzel weg und der Franzosenhass nicht mehr populär ist, weht in Stuttgart – und in Tübingen! – ein anderer Wind. Da könnte man wohl einen Heine drucken! Lesen! Spielen! Aufführen! Zumal einen so romantischen." … Ach nein! Ich werde auftreten wie immer: mich auf meine Intuition verlassen, den Witz des Moments … Aber ich muss mehr wissen über die neuen Romanzen! Wenn ich Perlen verkaufen soll, muss ich sie durch die Finger gleiten lassen, muss sie im Lichte glitzern sehen – jedenfalls will ich mehr kennen als ihre Verpackung.

1. Bild (*dunkle Bühne, dann Heines Stube; hörbar ist nur Ächzen und Stöhnen;* ***die Stimme*** *und Heines* ***Geist („Heine")*** *bleiben während der Szene unsichtbar.)*

Stimme

Der Abt von Waltham seufzte tief,
Als er die Kunde vernommen,
Dass König Harold elendiglich
Bei Hastings umgekommen.

Zwei Mönche, Asgod und Ailrik genannt,
Die schickt' er aus als Boten,
Sie sollten suchen die Leiche Harolds
Bei Hastings unter den Toten."

Heine (*als ob er die Fortsetzung der Handlung soeben entwickelt – der Dichter in seiner Werkstatt.)*

Die Mönche finden ihn nicht, gar nichts finden sie. Der Abt schickt sie zu Edith Schwanenhals, Harolds Jugendliebe. Die wohnt in … ? Wie heißt noch mal dieses Untier in dem altenglischen Heldenlied, dem Beowulf? (*nach dem nächsten Vers, während die Stimme weiterspricht.)*

ja, Grendel!

Stimme

Zu Grendelfield am Bardenstein,
Just in des Waldes Mitte.
Da wohnet Edith Schwanenhals
In einer dürft'gen Hütte.

Begebt euch, Brüder, zu diesem Weib
Und lasst sie mit euch gehen
Zurück nach Hastings, der Blick des Weibs
Wird dort den König erspähen.

(Musik setzt ein: Gang nach Hastings; Mathildes Papagei krächzt schauerlich aus der Küche, Mathilde bringt Licht, langsam wird es heller.)

Der Nebel, der das Schlachtfeld bedeckt
Als wie ein weißes Lailich,
Zerfloss allmählich; es flatterten auf
Die Dohlen und krächzten abscheulich

(Mathilde – betritt die Bühne und fängt an aufzuräumen; sichtbar wird ein surreales Bild: Puppen-Teile liegen verstreut am Boden, dazwischen Bettsachen: Kissen, Tücher, Verbandmaterial: blutige Wattebäusche, Handtücher, … Schüssel, Tassen, Esszeug: … alles liegt quer durcheinander.)

Heine
Das war wieder eine Nacht! Das Morphium war viel zu schwach; nur die Bilder in mir beim Verseschmieden … lassen mich die Schmerzen ertragen oder gar vergessen … Diese Schmerzen! Sie zerreißen mich. Die paar Knochen, die mein Körper sind … wie können die nur so wehtun!?! Wie nur? Wie?

(Das Licht fokussiert während der folgenden Beschreibung des Schlachtfeldes auf den Kopf der

Heinefigur, die mit geschlossenen Augen unbewegt im Bett liegt.)

Stimme

Viel tausend Leichen lagen dort
Erbärmlich auf blutiger Erde,
Nackt ausgeplündert, verstümmelt, zerfleischt,
Daneben die Äser der Pferde.

Es wadete Edith Schwanenhals
Im Blut mit nackten Füßen;
Wie Pfeile aus ihrem stieren Aug'
Die forschenden Blicke schießen.

(Sprechpause; Mathilde sticht Pfeile in Teile, die am Boden rumliegen – wie beim Aufräumen von Schmutz in Parkanlagen, wenn Müllentsorger Papiertaschentücher greifen.)

Sie suchte hin, sie suchte her,
Oft musste sie mühsam verscheuchen
Die fraßbegierige Rabenschar;
Die Mönche hinter ihr keuchen.

Sie suchte schon den ganzen Tag,
Es ward schon Abend – plötzlich
Bricht aus der Brust des armen Weibs
Ein geller Schrei, entsetzlich.

Gefunden hat Edith Schwanenhals
Des toten Königs Leiche,
Sie sprach kein Wort, sie weinte nicht,
Sie küsste das Antlitz, das bleiche.

(Mathilde und Mouche, die am Bett sitzen, beginnen den Heinekörper liebevoll und innig zu liebkosen. Sie küsste die Stirne, sie küsste den Mund, sie hielt ihn fest umschlossen.)

Sie küsste auf des Königs Brust
Die Wunde blutumflossen

Heine
Ja, die Wunde in dem halb verwesten, stinkigen, kotigen Leib!

Stimme
Auf seiner Schulter erblickt sie auch –
Und sie bedeckt sie mit Küssen –
Drei kleine Narben,

(Heine wiederholt die beiden Teile des Verses nachdenklich.)

Heine
Drei kleine Narben,

Stimme
Denkmäler der Lust,

Heine
Denkmäler der Lust!

Stimme
Die sie einst hineingebissen.

Die Mönche konnten mittlerweil'
Baumstämme zusammenfugen;
Das war die Bahre, worauf sie alsdann
Den toten König trugen.

(Musik kommentiert mit leiser Trauermusik.)

Sie trugen ihn nach Waltham-Abtei,
Dass man ihn dort begrübe;
Es folgte Edith Schwanenhals
Der Leiche ihrer Liebe.

Sie sang die Totenlitanei'n
In kindisch frommer Weise;
Das klang so schauerlich in der Nacht –
Die Mönche beteten leise.

(Mouche nimmt die Töne auf singt leise weiter, bis die Szene wechselt.)

2. Bild Heines Stube, Tür, Tag.

(Während der Dialogszenen ist immer der Krach der Wohnumgebung in Paris zu hören, anders wenn die „surrealen" Bilder und Töne der Romanzero-Texte gespielt werden.)

Heine

Ich möchte meinen Anzug anziehen und Weerth im Sitzen empfangen, nicht im Bett.

*(**Mathilde** und **Mouche** versuchen – eine komische Nummer – der Heine-Puppe den Anzug überzuziehen; er hängt jedoch überall weit über Heines Körper, der klein und zierlich wie der eines Kindes ist. Heine – der Geist – tritt auf und übernimmt die Kleidungsstücke; sie passen ihm wie angegossen. Die Figur bleibt im Bett. Der Besucher **Georg Weerth** betätigt den Türklopfer, wird nicht gehört – nach langem Warten wiederholt Weerth seinen Versuch.)*

Mouche

Mathilde! La porte!

(Mathilde kommt mit einem Glas Wasser, bringt es zum Bett: liebevoll.)

Henri

(Mouche nimmt es ihr ab, trinkt und weist an.)
La porte!

(Mathilde geht zur Tür und öffnet.)

Mathilde

Ah, Monsieur Weerth, … encore une fois! Bonjour! Entrez, s'il vous plait!

Weerth

Bonjour, Madame Heine!

(Er tritt ein, legt Hut, Mantel und Schal ab, Mathilde nimmt alles entgegen; Weerth stellt seinen halbleeren Reisesack ab und nähert sich dem Bett, geht auf die Heinefigur zu, wird dann aber vom „Geist" Heines, der ihn anspricht, abgelenkt – die Verwirrung könnte zu einer komischen Nummer gesteigert werden, wenn die Mouche, übermütig wie sie ist, Weerth mit dem Schal die Augen verbindet und „Blinde Kuh" – Mouche, Mathilde, Heine: „Ei wo is er denn?" – gespielt wird. Dann gibt er Heine, dem Geist, die Hand – die Doppelung ist für Weerth immer wieder verwirrend, ohne dass es thematisiert wird. Während der folgenden Szene bleibt der Körper Heines „unbespielt" im Bett; er wird nicht weiter beachtet.)

Heine

Ich bin der Geist, der stets verdreht, verlacht und seine Späße macht, bis es kracht! … Guten Morgen, Herr Weerth. Sie bringen Kälte in meine Gruft – mir ist immer kalt, ich spüre sie nicht, aber meine liebe Mouche zittert gleich; sie ist zu dünn für diese Jahreszeit! … Ein so zierliches Mädchen.

(Mouche geht ab.)

Weerth

Guten Morgen, Herr Heine. Ich finde es angenehm warm hier, … aber ich verstehe nicht, was hier vor sich geht.

Heine

Es gibt nichts zu „verstehen". Verstehen ist sowieso meistens falsch. Meinen Sie, ich verstehe, was sich dieses Gehirn da in seinem … „Körper" alles denkt? Ich lebe jedenfalls in anderen Regionen als der da, … frei wie ein Vogel, … manchmal höre ich der Stimme zu. Sie klingt nach mir! Doch wenn der Körper jault vor Schmerzen wie ein Hund, der am Verrecken ist, dann kämpfe ich gegen diese Schmerzen, bis sie meiner Macht erliegen und der Leib wieder Ruhe hat … oder bis ich ihnen erliege, … dann hilft nur noch das Opium … Haben Sie darüber nachgedacht, wie Sie meinen Gedichtzyklus an Campe verkaufen?

Weerth

Über Ihren Romanzenzyklus muss ich mehr wissen: Soll ich Ihren Verleger Campe in Hamburg für das Buch gewinnen, dann muss ich seinen Inhalt kennen, nicht nur die Verpackung.

Heine

Darum geht es nicht. Ich habe eine konkrete Bitte: Zwischen Campe und mir ist Eiszeit; ich hatte ihn verdächtigt auf meinen Tod zu warten, um ihn geschäftlich zu nutzen; das hat ihn verschnupft und vielleicht noch andere Dinge … , die mir entfallen sind. Ich muss diese Miss-Stimmung beenden. Sie sind ein erfahrener Kaufmann, der die Psyche seines Vertragspartners einzuschätzen und im richtigen Moment zu nutzen weiß.

Weerth

Das ist wohl wahr, da kenne ich mich aus. Dennoch bestehe ich darauf, dass Sie mir etwas von den neuen Gedichten erzählen. Es ist mein Geschäftsprinzip: Verkaufe nichts, das du nicht genau kennst.

Heine

Sie misstrauen mir?

Weerth

Überhaupt nicht, sehr verehrter Herr Heine! Ich sagte Ihnen doch gestern schon, dass Sie für mich der größte deutsche Dichter sind. Ich würde alles verkaufen, ... blindlings, was Sie geschrieben haben! Doch bin ich neugierig, sehr gespannt auf Ihr neues Werk.

Heine

Sie wollen die neuen Romanzen kennen lernen? ... Nun gut, dann nehmen wir erstmal die indische, die letzte, die ich diktiert habe – in meiner Literatur ist die „Verpackung" allerdings untrennbar vom Inhalt. Für euch Kaufleute ist doch die Verpackung fast alles, oder? Eine schön verzierte Schachtel, ein wertvoll aussehendes Kästchen – und schon habt ihr den Käufer am Gängelband und redet über den Preis einer Ware, auch wenn sie kaum einen Wert hat, habe ich nicht recht?

Weerth

Sie kennen sich aus, als wären Sie ein Schmuckverkäufer.

Heine

Sie (!) sind der Verkäufer meiner Perlen, der Perlentränen, Tränenperlen: meiner Romanzen – die stehn in einer Tradition, einer tränenreichen, zu der die spanische Geschichte gehört, die Kultur der Mauren, der Juden, der Inquisition. Ich höre da einen besonderen Klang, jüdische Gutturale, Töne, die „Zigeuner" in früher Zeit aus Indien mitgebracht haben, … mit einem direkten Zugang zur Seele, … dann sehe ich Bilder, … Hören Sie, schließen Sie die Augen! Hören Sie der Stimme zu:

Stimme

„Der König von Siam, Mahawasant,
Beherrscht das halbe Indienland,
Zwölf Kön'ge, der große Mogul sogar,
Sind seinem Zepter tributar."

Heine

Die Welt der Exotik, der Klang der Namen „Siam und Mahawasant." Das allein ist schon Musik … und dann die Handlung:

Stimme

„Alljährlich mit Trommeln, Posaunen
und Fahnen
Ziehen nach Siam die Zinskarawanen;
Viel tausend Kamele, hochberuckte,
Schleppen die kostbarsten Landesprodukte.

Sieht er die schwerbepackten Kamele,
So schmunzelt heimlich des Königs Seele;
Öffentlich freilich pflegt er zu jammern,
Es fehle an Raum in seinen Schatzkammern.

Doch diese Schatzkammern sind so weit,
So groß und voller Herrlichkeit;
Hier überflügelt der Wirklichkeit Pracht
Die Märchen von Tausendundeine Nacht.“

Weerth

Märchenhaft! Ja! … Verzeihen Sie die Unterbrechung, verehrter Herr Heine. Aber wollen Sie Posaunen und Kamele wirklich in Siam erscheinen lassen?

Heine

Sie meinen, in Siam gibt es nur Ochsen, Elefanten und Kuhhörner – hier irrt der Dichter? Lassen Sie mich „irren“. Es geht nicht um Siam als geografischen Ort, seien es der ferne oder der nahe Osten. Der Name „Siam“ bedeutet „frei“; es ist also ein freies Land, noch zu haben … – wie im Märchen eine schöne Prinzessin.

Weerth

Tut mir leid, ich bin ein praktischer Mensch und schätze es, wenn die Tatsachen stimmen.

Heine

Herr Weerth, Sie sind zu ernst, Sie sind nicht zu Späßen aufgelegt. Ich werde Champagner bringen lassen: Das hebt die Stimmung … Mathilde, Champagner, s'il vous plait, et des douces surprises! (*zu Weerth*) Süße Überraschungen!

(Während Mathilde zu hören ist, wie sie mit ihrem Papagei turtelt und Champagner öffnet, verwandelt sich die Szene in den Palast des Mahawasant, zuerst nur „Bühne" und Stimme, später Figuren.)

Stimme

„Die Burg des Indra" heißt die Halle,
Wo aufgestellt die Götter alle,
Bildsäulen von Gold, fein ziselieret,
Mit Edelsteinen inkrustieret.

Sind an der Zahl wohl dreißigtausend,
Figuren abenteuerlich grausend,
Mischlinge von Menschen und Tiergeschöpfen
Mit vielen Händen und vielen Köpfen.

Im „Purpursaal" sieht man verwundert
Korallenbäume dreizehnhundert,
Wie Palmen groß, seltsamer Gestalt,
Geschnörkelt die Äste, ein roter Wald.

Das Estrich ist vom reinsten Kristalle
Und widerspiegelt die Bäume alle.
Fasanen vom buntesten Glanzgefieder
Gehn gravitätisch dort auf und nieder.

Der Lieblingsaffe des Mahawasant
Trägt an dem Hals ein seidenes Band,
Dran hängt der Schlüssel, welcher erschleußt
Die Halle, die man den Schlafsaal heißt.

Die Edelsteine vom höchsten Wert,
Die liegen wie Erbsen hier auf der Erd'
Hochaufgeschüttet; man findet dabei
Diamanten so groß wie ein Hühnerei.

Auf grauen, mit Perlen gefüllten Säcken
Pflegt hier der König sich hinzustrecken;
Der Affe legt sich zum Monarchen,
Und beide schlafen ein und schnarchen.

Das Kostbarste aber von allen Schätzen
Des Königs, sein Glück, sein Seelenergötzen,
Die Lust und der Stolz von Mahawasant.
Das ist sein weißer Elefant.

Als Wohnung für diesen erhabenen Gast
Ließ bauen der König den schönsten Palast;
Es wird das Dach, mit Goldblech beschlagen,
Von lotosknäufigen Säulen getragen.

Am Tore stehen dreihundert Trabanten
Als Ehrenwache des Elefanten,
Und kniend, mit gekrümmtem Rucken,
Bedienen ihn hundert schwarze Eunucken

Man bringt auf einer güldnen Schüssel
Die leckersten Bissen für seinen Rüssel;
Er schlürft aus silbernen Eimern den Wein,
Gewürzt mit den süßesten Spezerein.

Man salbt ihn mit Ambra und Rosenessenzen,
Man schmückt sein Haupt mit Blumenkränzen
Als Fußdecke dienen dem edlen Tier
Die kostbarsten Schals aus Kaschimir.

Das glücklichste Leben ist ihm beschieden.

(Pause.)

Doch niemand auf Erden ist zufrieden.
Das edle Tier, man weiß nicht wie,
Versinkt in tiefe Melancholie.

Der weiße Melancholikus
Steht traurig mitten im Überfluss.

(Weerth wiederholt beide Verse.)

Der weiße Melancholikus
Steht traurig mitten im Überfluss.

Stimme

Man will ihn ermuntern, man will ihn erheitern,
Jedoch die klügsten Versuche scheitern.

(Beginn der Figurenszene mit dem Elefanten – Weerths [Affe?] Versuche: Tricks, Vergebens Witze, … Vergebens musikalische Versuche Vergebens, … . Vergebens.)

Vergebens kommen mit Springen und Singen
Die Bajaderen; vergebens erklingen
Die Zinken und Pauken der Musikanten,
Doch nichts erlustigt den Elefanten.

Da täglich sich der Zustand verschlimmert,
Wird Mahawasantes Herz bekümmert;
Er lässt vor seines Thrones Stufen
Den klügsten Astrologen rufen.

„Sterngucker, ich lass die das Haupt abschlagen“,
Herrscht er ihn an, „kannst du mir nicht sagen,
Was meinem Elefanten fehle,
Warum so verdüstert seine Seele?“

Doch jener wirft sich dreimal zur Erde,
Und endlich spricht er mit ernster Gebärde:

Heine

„O König, ich will dir die Wahrheit verkünden
Du kannst dann handeln nach Gutbefinden.

(Die Heine-Puppe wird als Bianca aufgebaut, nach der sich der Elefant – Goethe? – sehnt.)

Es lebt im Norden ein schönes Weib
Von hohem Wuchs und weißem Leib,
Dein Elefant ist herrlich, unleugbar,
Doch ist er nicht mit ihr vergleichbar.

Mit ihr verglichen, erscheint er nur
Ein weißes Mäuschen. Es mahnt die Statur
An Bimha, die Riesin, im ‚Ramayana',
Und an der Epheser große Diana.

Wie sich die Gliedermassen wölben
Zum schönsten Bau! Es tragen dieselben
Anmutig und stolz zwei hohe Pilaster
Von blendend weißem Alabaster.

Das ist Gott Amors kolossale
Domkirche, der Liebe Kathedrale;
Als Lampe brennt im Tabernakel
Ein Herz, das ohne Falsch und Makel.

Des Himalaja Gipfelschnee
Erscheint aschgrau in ihrer Näh';
Die Lilie, die ihre Hand erfasst,
vergilbt durch Eifersucht oder Kontrast.

Gräfin Bianka ist der Name
Von dieser großen weißen Dame;
Sie wohnt in Paris im Frankenland,
Und diese liebt der Elefant.

Durch wunderbare Wahlverwandtschaft
Im Traume machte er ihre Bekanntschaft,
Und träumend in sein Herze stahl
Sich dieses hohe Ideal.

Sehnsucht verzehrt ihn seit jener Stund',
Und er, der vormals so froh und gesund,
Er ist ein vierfüßiger Werther geworden
Und träumt von einer Lotte im Norden.

Geheimnisvolle Sympathie!
Er sah sie nie und denkt an sie.
Er trampelt oft im Mondschein umher
Und seufzet: ‚Wenn ich ein Vöglein wär.'

In Siam ist nur der Leib, die Gedanken
Sind bei Bianca im Lande der Franken;
Doch diese Trennung von Leib und Seele
Schwächt sehr den Magen, vertrocknet die Kehle.

(Weerth trinkt Champagner.)

Die leckersten Braten widern ihn an.
Er liebt nur Dampfnudeln und Ossian;
Er hüstelt schon, er magert ab.
Die Sehnsucht schaufelt sein frühes Grab

Willst du ihn retten, erhalten sein Leben,
Der Säugetierwelt ihn wiedergeben,
O König, so schicke den hohen Kranken
Direkt nach Paris, der Hauptstadt der Franken.

Wo seiner Schönen Augen strahlen,
Da schwinden seiner Seele Qualen.
Froh hebt er wieder die Lappen der Ohren.
Er fühlt sich verjüngt, wie neugeboren.

Es lebt sich so lieblich, es lebt sich so süß
Am Seinestrand in der Stadt Paris

(Stimmung: Pariser Leben, z. B. tanzt Weerth Cancan.)

Vor allem aber, o König, lasse
Ihm reichlich füllen die Reisekasse,
Und gib ihm einen Kreditbrief mit
Auf Rothschild frères in der Rue Lafitte.

Ja, einen Kreditbrief von einer Million
Dukaten etwa; – der Herr Baron
Von Rothschild sagt von ihm alsdann:
‚Der Elefant ist ein braver Mann!' “

Stimme

So sprach der Astrolog, und wieder
Warf er sich dreimal zur Erde nieder.
Der König entließ ihn mit reichen Geschenken
Und streckte sich aus, um nachzudenken.

(Der Elefant geht ab, lässt aber seine beiden Ohren im Bett bei Weerth liegen.)

Er dachte hin, er dachte her;
Das Denken fällt den Königen schwer.
Sein Affe sich zu ihm niedersetzt,
Und beide schlafen ein zuletzt.

Was er beschlossen, das kann ich erzählen
Erst später; die Nachrichten aus Indien fehlen.
Die letzte, welche zu uns gekommen,
Die hat den Weg über Suez genommen.

(Solange Weerth beim Körper Heines im Bett schläft, fordert Heines „Geist" die Stimme auf, mit ihr zu tanzen: „Darf ich bitten, holde Stimme!" Sie tanzen – argentinischen? – Tango, zuerst stumm, dann im Dialog.)

Heine
Du bist so weich, so sanft, so tönend,
selbst wenn ich zornig bin und voller Wut

Stimme
Und du versuchst mich hin und her zu zerr'n,
wenn ich nur träumend gleiten möchte.

Heine
Ich bin so nah an dir, ich lenk' dir die Gedanken,
doch du willst meiner Schärfe dich entzieh'n.

Stimme
Würd' ich so klingen, so eingeschnürt, wie du mich führst, wer könnte mich, so dem Ersticken nah, noch hören?

Heine

Würd' ich so denken, deine Zaubertöne von mir lösen, betörten sie die Seelen deiner Hörer nur, Statt ihre Herzen zu empören, statt ihr Gemüt aus seinem Wohlfühldämmern aufzustören.

Stimme

Du bist so leidenschaftlich wild, so unnachgiebig böse, du wacher Dichtergeist – unfassbar und erregend.

Heine

Und unversöhnlich und uneins mit dir … solange, bis auch ich erlösche,

Stimme

Bevor ich mich von dir entfernen muss,
lass' uns, was mir mehr liegt: Verse sprechen.

Heine

Ich spreche mit, ein Liebeslied aus den Romanzen: „Der Asra"!

Stimme

Der Asra.

(Heine und Stimme gehen ab, während sie sprechen; Mathilde und Mouche „spielen" und tanzen mit der Heine-Puppe, die sie – wie in der „Schlachtfeld"-Szene – liebkosen, dabei jedoch aus dem Bett herausnehmen, ohne sie zu zerlegen, und wieder zurücklegen.)

Stimme

Täglich ging die wunderschöne
Sultanstochter auf und nieder
Um die Abendzeit am Springbrunn,
Wo die weißen Wasser plätschern

Heine

Täglich stand der junge Sklave
Um die Abendzeit am Springbrunn,
Wo die weißen Wasser plätschern;
Täglich ward er bleich und bleicher

Stimme

Eines Abends trat die Fürstin
Auf ihn zu mit raschen Worten:
Deinen Namen will ich wissen,
Deine Heimat, deine Sippschaft.

Heine

Und der Sklave sprach: Ich heiße
Mohamet und bin aus Yemmen,
Und mein Stamm sind jene Asra,
Welche sterben, wenn sie lieben.

(Weerth wacht auf, legt die beiden Elefantenohren – scherzhaft – an den Körper und kriecht aus dem Bett, ordnet seinen Anzug. Mit dem Anlegen der Ohren setzt ohrenbetäubender Lärm – Außengeräusche aus Paris – ein; wie verstärkt durch einen Lautsprecher; dem Zuschauer sollte klar werden, dass er hört, was Heines Körper hört.)

Heine

Das ist ja nicht auszuhalten! Mach ihm die Ohren ab!

(Er stürzt aufs Bett, reißt dem Körper die Ohren ab; sofort wird der Lärm geringer.

Weerth (*ignoriert den Vorgang, als habe er nichts gehört.)*

Bei dem melancholischen Elefanten – „traurig mitten im Überfluss“ – musste ich daran denken, wie ich in Madrid im Wohnzimmer der Königin Isabella das Bild sah … das Bild ihres gleich nach der Geburt verstorbenen Söhnchens, das Bild seiner Leiche, und ich dachte an den mysteriösen Tod, über den so viel gemunkelt wird: … erdrosselt? … Der Thronerbe? … Ich kann der armen Mutter mein Mitleid nicht versagen, auch wenn mich Hofgeschichten sonst nicht rühren: der tiefste Jammer inmitten der unerhörtesten Pracht …

Heine

Jammer ist auch hier in der Gruft!
Glauben Sie mir, Herr Weerth, ohne mir solche Geschichten auszumalen wie die vom weißen Elefanten in meinen nächtlichen Wachzeiten mit den grausamsten Schmerzen, wenn die Wirkung des Opiums nach vier Stunden aufhört, ohne diese Bilder – ach!

Ich hätte längst das Gift genommen, das hier ständig griffbereit liegt, seit drei Jahren, mein Gott! um diese Wahnsinnsschmerzen loszuwerden! … Aber von was würde Mathilde leben ohne mich? … Ich muss vor dem Tod noch ihren lebenslangen Unterhalt sichern! … Mathilde braucht eine Wohnung, Kleider, Schmuck, Hilfe und Pflege, wenn sie alt ist. Sie muss mit der Kutsche fahren können, wenn sie mein Grab besuchen will … Sie müssen einen guten Preis erzielen bei Campe, verstehen Sie, Herr Weerth? Campe muss gut bezahlen!

(Mathilde spielt den Besuch am Grab.)

Stimme

Mit dem Kranz von Immortellen
Kommt sie mir das Grab zu schmücken,
Und sie seufzet: Pauvre homme!
Feuchte Wehmut in den Blicken.

Süßes, dickes Kind, du darfst
Nicht zu Fuß nach Hause gehen;
An dem Barrieregitter
Siehst du die Fiaker stehen.

3. Bild

Heine

Die Melancholie, lieber Weerth, ist die Krankheit unseres Zeitalters. Leiden Sie nicht auch unter „Spleen“?

Weerth

Tiefe Depression überkommt mich – immer wieder, immer häufiger. Und ich weiß nicht, ob es das Scheitern der Revolution oder ob es mein eigenes Leben ist, das ich beweine, das mich dazu treibt, mich immer wieder auf eine neue Geschäftsreise einzulassen und die ganze Welt rastlos zu durchkämmen. Politisch mache ich mir keine Illusionen.

Heine

Wie meinen Sie das?

Weerth

Ich bin Realist, Pragmatiker – wie jeder Kaufmann. Ich erfreue mich an konkreten Dingen des Lebens, die ich mir beschaffen und die ich genießen kann.

Heine

Und die Literatur? Schreiben Sie nicht mehr? So köstliche Satiren wie Ihren Schnapphahnski.

Weerth

Für den bin ich ein paar Wochen im Gefängnis gesessen (war übrigens ganz erholsam gegenüber meiner sonstigen Alltagshektik), weil man mich verantwortlich dafür machte, dass der Fürst Lichnowski ermordet worden ist … wegen meiner Satire, mit der ich ihn, das Urbild meines Schelmen, als feigen, hochnäsigen Krautjunker und schamlosen, intriganten Heiratsschwindler entlarvte.

Heine

Wollten die Richter da nicht den revolutionären Redakteur der Neuen Rheinischen Zeitung abstrafen und mit Ihnen Karl Marx treffen?

Weerth

Mag sein, Herr Heine, es ist sinnlos, darüber zu spekulieren; ich schreibe nicht mehr, auch keine sozialen Balladen über das Elend der Arbeiter, wie ich es mit eigenen Augen in Bradford, wahrgenommen hatte … Nein! Jetzt noch Literatur schreiben? Wofür? Wenn die Weltgeschichte den Leuten die Hälse bricht, da ist die Feder überflüssig. Und … romantische Gedichte schreiben, was ja nun wieder sehr gefragt ist: Liebesgedichte, Legenden … – lieber Herr Heine, das wissen Sie so gut wie ich, das ist nicht meine Sache!

Heine *(hart)*

Und was ist „Ihre Sache“?

Weerth

Lassen Sie mich erklären: … Nehmen wir zum Beispiel die russischen Eisenbahnen – das Gold des Ural bahnt die Wege, auf denen der Bodenreichtum Russlands in alle Richtungen drängt, um in einer Konkurrenz auf Leben und Tod den deutschen Ackerbau zu vernichten. Ebenso auf den Meeren! Die Produkte des Mississippi werden genauso rasch und billig in unsern Häfen eintreffen wie die Produkte unserer Bauern.

Heine

Und deshalb leiden Sie am Spleen?

Weerth

Ich bin es leid, etwas ändern zu wollen, das nicht zu ändern ist! Bleiben Sie mir vom Hals mit Utopien! Die Realität, das ist der Kampf zwischen den westindischen Kolonien und der deutschen Runkelrübe. Und in diesem Zusammenstoß der Korn-, der Kaffee- und der Wollsäcke, in diesem ungeheuren Wettstreit der Produktion werden die alten Reiche der Franken und Germanen, verschuldet bis über die Ohren, sich vergebens anstrengen. Der Preisunterschied wird stets zu ihrem Nachteil sein und sie immer entschiedener dazu zwingen die Produktionskosten zu senken mit der Folge von Arbeitslosigkeit, Hunger und Elend – und wir werden in der großen Völkerschlacht der Konkurrenz überwunden und vernichtet, sodass nach Jahren vielleicht von ganz Deutschland nichts anderes übrigbleibt als die Hegelsche Philosophie und ein Band Ihrer Gedichte.

Heine

Und das Buch, das unser Freund Karl Marx in der Bibliothek in London schreibt?

Weerth

Auf den Müll damit! Er wird viele Jahre schreiben und dann wird er beschrieben haben, was ohnehin nicht zu verhindern ist: den weltweiten Freihandel und den Sieg des Kapitalismus in jeder Ecke der Welt. Meinen Sie, das muss man dann noch lesen?

Heine

War das schon vor der Revolution Ihr Standpunkt, in Ihrer großen Rede auf dem Freihandelskongress in Brüssel 1847, als Sie für den Freihandel eingetreten sind?

Weerth

Das bin ich allerdings! Doch ich habe das verbunden mit der Forderung an die Liberalen, nicht immer so zu tun, als würden die Profite der Unternehmer, für die sie eintreten, den Arbeitern irgendeinen Nutzen bringen! Den Reichtum fördern, damit Arbeit entsteht? Ha! Von wegen! Die Reichen werden reicher und die Armen haben nichts … außer ihrer Arbeitskraft. Das wollten wir durch Revolution ändern. Jetzt weiß ich: Daran ist nichts zu ändern!

Heine

Hat man viel, so wird man bald
Noch viel mehr dazu bekommen.

Wer nur wenig hat, dem wird
Auch das Wenige genommen.

Stimme

Wenn du aber gar nichts hast,
Ach, dann lasse dich begraben!
Denn ein Recht zum Leben, Lump!
Haben nur die etwas haben.

Weerth

Sie verpassen den Armen noch einen Fußtritt? Lasse dich begraben? Ist das … Ihre – Konsequenz?

Heine

Die erste Strophe ist aus dem Lukasevangelium. Und der „Fußtritt", wie Sie es nennen – auch das ist „Spleen": nämlich die verrückte Idee, den Weltlauf zu ändern … Wenn der getretene Lump sich wehrt, sobald er den Sinn des Fußtritts: „Lazarus, steh auf!" begriffen hat.

Weerth

Sie träumen, Herr Heine. Nie und nimmer wird auch nur ein einziger Lump aufstehn und sich wehren!

Heine

Unrecht soll Unrecht bleiben? … der Weltlauf ist, wie er ist, Herr Weerth? … *lange Pause* Ich kämpfe, Herr Weerth. Haben Sie keinen Glauben mehr? Nur noch die Befriedigung materieller Bedürfnisse?

Weerth

Sind Sie religiös geworden? *Heine schweigt* … Ich weiß, dass Sie Jude sind … und getauft! Waren Sie früher nicht Atheist – wie Marx und ich? In Hamburg wird behauptet, Sie seien über die Schmerzen und Qualen Ihrer Krankheit zum Judentum zurückgekehrt, … Sie seien zum „Betbruder" geworden. *Heine schweigt* … Ist da was dran?

Heine

Es ist schwierig, das zu verstehen. *Pause* Vor Jahren habe ich Marx eingeflüstert (aber nur ganz leise, damit es Gott nicht hört): „Religion ist das Opium des Volkes." … Gott hat es gehört und sich gerächt; er hat mir diese Lästerung übel genommen: Jetzt spüre ich den Satz am eigenen Körper. Opium betäubt meine Schmerzen … Opium! … Ach, lesen Sie dort auf dem Schreibpult, was ich vor 2 Tagen zu schreiben begonnen habe.

Weerth

Diese Kritzeleien hier?

Heine

Lesen Sie, was ich mühsam hingekritzelt habe – für ein paar Verse brauche ich eine Stunde – über Jehuda Halevy, den größten Dichter des mittelalterlichen Judentums, unseren Dante – Höhepunkt einer bewusst verschwiegenen europäischen, jüdischen Tradition im maurischen Spanien, dem spanischen Mittelalter des muslimischen Gelehrten Ibn Ruschd! … , ohne den der christliche Kirchenvater Thomas von Aquin den griechischen Heiden: Aristoteles nicht zu lesen bekommen hätte – den islamischen Denker Ibn Ruschd, auf dessen Grundmauern er das Gebäude des „heiligen christlichen Abendlandes" errichtete. Im selben maurischen Spanien wie Ibn Ruschd wirkte der jüdische Dichter Jehuda Halevy. Lesen Sie, wenn Sie meine Handschrift entziffern können!

Weerth (*liest Wort für Wort entziffernd, z. T. wiederholend.)*

„Lechzend klebe mir die Zunge / An dem Gaumen und es welke / Meine rechte Hand, vergäß' ich / Jemals dein, Jerusalem." Ist das der Text?

Heine

Ja, das ist der Anfang des ersten Kapitels, ein Auszug aus dem Psalm 137 … Zwei Strophen des ersten Kapitels sind fertig.

Stimme

Ja, er ward ein großer Dichter,
Stern und Fackel seiner Zeit,
Seines Volkes Licht und Leuchte,
Eine wunderbare, große

Feuersäule des Gesanges,
Die der Schmerzenskarawane
Israels vorangezogen
In der Wüste des Exils.

Heine

Das ist Jehuda Halévy! Und der Anfang des 2. Kapitels ist auch fertig.

(Langes musikalisches Vorspiel: jüdisch-mittelalterlich, eingängig und zugleich dissonant, Während des Vortrags bewegen die Spieler Heines Körper, so dass immer neue Bilder der Figur entstehen, die eine Zeit lang zu sehen sind – verquer wie von Picasso.)

Stimme

„Bei den Wassern Babels saßen
Wir und weinten, unsre Harfen
Lehnten an den Trauerweiden" –
Kennst du noch das alte Lied?

(Lange Pause, in der die Musik allein zu hören ist.)

Kennst du noch die alte Weise,
Die am Anfang so elegisch
Greint und sumset, wie ein Kessel,
Welcher auf dem Herde kocht?

Lange schon, jahrtausendlange
Kocht's in mir. Ein dunkles Wehe!
Und die Zeit leckt meine Wunde,
Wie der Hund die Schwären Hiobs.

Dank dir, Hund, für deinen Speichel! –
Doch das kann nur kühlend lindern –
Heilen kann mich nur der Tod,
Aber, ach, ich bin unsterblich!

(Kurze Pause, in der nur Heines Stöhnen zu hören ist.)

Jahre kommen und vergehen –
In dem Webstuhl läuft geschäftig
Schnurrend hin und her die Spule –
Was er webt, das weiß kein Weber.

Jahre kommen und vergehen,
Menschentränen träufeln, rinnen
Auf die Erde, und die Erde
Saugt sie ein mit stiller Gier –

Tolle Sud! Der Deckel springt –
Heil dem Manne, dessen Hand
Deine junge Brut ergreifet
Und zerschmettert an der Felswand.

(Pause; Licht wird schwächer, enger: Mouche öffnet Heines Auge, das fixiert Weerth Musik setzt ein wie oben, steigert sich dann bis „Felswand", um abrupt abzubrechen. Nach der Pause setzt die Musik wieder ein.)

Gott sei Dank! die Sud verdampfet
In dem Kessel, der allmählich
Ganz verstummt. Es weicht mein Spleen,
Mein westöstlich dunkler Spleen.

4. Bild

Heine

Hegel beschreibt, wie der Mensch zu sich selbst kommen soll. Sein Weg geht über die Verlierer der Geschichte: die Inder, die Afrikaner, die Indianer Nordamerikas, über alle Verlierer, achselzuckend hinweg – dies ist das unerbittliche MUSS der Geschichte; Marx hat Hegels Konstruktion umgedreht: bei ihm erkämpfen sich die Menschen, die unterdrückten, …

Weerth *(genervt zitierend wie einen Katechismus-Vers.)*

… die geknechteten und entrechteten den Sieg. Das habe ich auch so gesehen, wie es im Manifest steht, im kommunistischen Manifest!

Heine

Auch in diesem Geschichtsbild, jawohl Herr Weerth, werden viele Opfer zwangsläufig niedergewalzt – unerbittlich! Doch hat Hegel – und unser Freund Marx – übersehen oder wissentlich ignoriert, dass zu den Opfern, über die der „Weltgeist" triumphiert, immer auch die Juden gehören – nicht wegen der Religion – wegen des nie abzuwaschenden Juden, dem Sündenbock, der immer wieder für die Brunnenvergiftungen oder für die toten Babys verantwortlich gemacht wird, weil er als Jude geboren ist. Sind es nicht wieder irgendwelche Juden, die am – wie Sie erzählt haben, so mysteriösen! – Tod des neugeborenen spanischen Thronfolgers vor einem Monat, dem Jammer Isabellas, schuld sind? Oder gibt es keine „Beweise“? … Ja, gerade dann, wenn man den Juden eine Schuld nicht nachweisen kann, dann ist dies ein „Beweis“ für ihre Schuld, denn die Juden sind so raffiniert, dass man ihnen nie auf die Schliche kommt.

Weerth

Und die „junge Brut“ im Psalm 137 – ist das ein jüdischer Racheakt?

Heine

Nicht Rache! Heil! Von „Heiland“. Eine heilige Hand soll die „junge Brut“ zerschmettern – nämlich die heillosen, Menschen verachtenden und vernichtenden Kräfte, die wir nur stoppen können, solange sie im Entstehen sind – heilen und Unheil verhindern, bevor es zu mächtig ist.

Weerth

Sie denken an die Judenfeinde in Frankreich und Deutschland? … An die Nationalisten, die sich fortschrittlich geben, aber nur … aggressiv gegen Fremde sind, die sich als Bastion gegen Überfremdung und Ausverkauf der eigenen Nation verstehen oder der eigenen Rasse oder … , wen immer sie damit meinen?

Heine

Im Konkurrenzkampf der Nationen, den Sie, Herr Weerth, vorhin beschrieben haben, werden die Nationalisten alle Schuld an der Existenzgefährdung und Verarmung der deutschen Ackerbauern natürlich den Juden in die Schuhe schieben. Dagegen gilt es Kräfte zu wecken, die ich – nach dem Scheitern der sozialen Revolutionen in Europa – nur in der Religion finde.

Weerth

Gibt es in den Religionen nicht auch ganz andere Kräfte? Woher kommt denn die christliche Judenfeindschaft: Juden – die „Mörder unseres Herrn Jesus Christus?"

Heine

Genau deshalb ist die Auseinandersetzung eine theologische, und genau deshalb bringt es nichts, in der Zeitung oder in politischen Ansprachen einfach klipp und klar zu sagen, was zu tun ist. Wenn die Menschen nicht anfangen, selbst nachzudenken, selbst den Fragen auf den Grund zu kommen suchen, dann wird jeder Hassprediger rationalen Argumenten gegenüber weit überlegen sein: Ich bin Schriftsteller; mir bleibt nur der Versuch, die Leser zum Nachdenken zu bewegen …

Weerth

Verehrter Herr Heine, Sie sind der größte lebende Dichter Deutschlands – davon bin ich überzeugt. Und wenn ein Dichter etwas bewirken kann, dann sind Sie das! Aber die Zeit ist vorbei, in der ein Dichter jemand zum Handeln bewegen konnte, indem er eindrücklich die Lage der Armen beklagte, wie wir beide es im Vormärz versuchten. Das gilt auch für Ihre Romanzensammlung: Sie können – politisch – nichts bewirken. Sie können auf dem Literaturmarkt erfolgreich sein und … natürlich! … Weltliteratur schreiben, die unterhaltsam und geistvoll ist und die noch in hundert Jahren Menschen gefallen wird, die Kulturgut, Bildungsgut wird!

Heine

Ich teile Ihre Bedenken nicht, Herr Weerth … Sie sind ein Kaufmann! Sie denken an den Markt, auf dem mit einem Buch Geld verdient werden soll. Was Sie übersehen, ist eine andere Wirkung – und die ist auch politisch! Eine andere Art von Kultur! Wie z. B. Lessing sie wollte – nicht Besitz von Bildung! … Ich möchte dem kulturellen Gedächtnis der Menschheit Nahrung geben, die so raffiniert zubereitet und gewürzt ist, dass die Esser mehr und mehr und immer mehr davon haben wollen. Der Genuss guter Literatur fängt erst dann an, wenn sie die Menschen zum eigenen Nachdenken bewegt, zum Nachforschen, was denn nun richtig sei oder wahr oder … was sie ihnen neue Dimensionen öffnet, … Dinge, an die sie vorher nicht gedacht haben.

Weerth

Die Leute wollen heutzutage nicht viel nachdenken; ihr Genuss besteht darin, Geschichten zu lesen, an denen sie Spaß haben; nur dafür geben sie Geld aus.

Heine

Sie haben ein sehr negatives Bild von den Menschen. Die Leute wollen genießen, ja! Doch wie genießen? Wahrnehmen mit allen Sinnen! Ich möchte Geschichten für den Gaumen zubereiten, exotische Düfte verbreiten, dem Auge ihren diamantenen Glanz erschließen und dem Ohr ganz neue Töne einflößen … um schließlich das Wichtigste zu erreichen: die Gefühle, die Herzen und die Seelen der Menschen.

Weerth

Sie sagen das sehr schön, … doch all das, was Sie erreichen können, erreichen Sie vielleicht in 50 oder 100 Jahren, erst dann, wenn die Leser reif dafür und wenn es politisch zu spät ist! Zu spät für den Kampf gegen den Nationalismus – das ist das Schicksal der Literatur, seit es sie gibt! Sie kommt zu spät!

Heine

Zu spät kommt sie am Tag des jüngsten Gerichts, Herr Weerth! Vorher möchte ich die Menschen noch ein bisschen zum Lachen bringen, über ihre „heiligsten Güter“, über die Fragwürdigkeiten einer falsch verstandenen Religion – … zum Beispiel über Moses und Aaron!
Stellen Sie sich vor, was los war, als Moses mit seinen Gesetzestafeln vom Berg Sinai herunterkam, in feierlicher Stimmung! Er brachte die Gesetze, um seinen Staat zu gründen: die 10 Gebote! Und was sieht er? Er sieht sein Volk, seine Israeliten um das goldene Kalb tanzen!

(Das Gedicht soll gesungen, gerappt, geschrieen und mit zunehmendem Schwung und mit zunehmender Lautstärke „ausgespielt“ werden. Der Vers „Paukenschläge und Gelächter“ muss nicht nur gesprochen, sondern kann auch dargestellt werden – Wiederholungen sind erwünscht; aktuelle Melodien, Töne und Rhythmen sollen assoziiert oder zitiert werden. Die im Text angesprochenen Instrumente sollen nicht zitiert werden, wohl aber die Skurrilität, das Tempo und die Stimmung. Vortrag und Tanz wirken, als ob die vier hier ein oft gespieltes Spiel spielen: eine eintrainierte Choreografie. Jeweils der 5. und evtl. 6. Vers werden gemeinsam – mit Mathilde, sie nur diese Verse – zelebriert. Weerth wird wie Aaron mitgerissen.)

Stimme

Doppelflöten, Hörner, Geigen
Spielen auf zum Götzenreigen,
Und es tanzen Jakobs Töchter
Um das goldne Kalb herum –
Brum – brum – brum –
Paukenschläge und Gelächter!

Hochgeschnürt bis zu den Lenden
Und sich fassend an den Händen,
Jungfraun edelster Geschlechter
Kreisen wie der Wirbelwind
Um das Rind –
Paukenschläge und Gelächter!

Aaron selbst wird fortgezogen
Von des Tanzes Wahnsinnswogen,

Und er selbst, der Glaubenswächter,
Tanzt im Hohepriesterrock,
Wie ein Bock –
Paukenschläge und Gelächter!

Weerth (*lachend und außer Atem*)

Dass da dem Moses die Gesetzestafeln aus der Hand rutschen vor Zorn, das ist klar! Wie es Michelangelo in seiner Mosesstatue dargestellt hat!

Heine

Michelangelo hat den erzürnten Gesetzgeber gezeigt; ich zeige, was Moses sieht! Und der abgeschmackte Tanz um das goldene Kalb ist genau das Gehüpfe um Schönheit, Macht und Reichtum – wie der Tanz um Kapital und Konsum – ein Gegensatz zu den Geboten, auch der jüdischen Religion!

Weerth

So lustfeindlich, Herr Heine? Sollen die Leute nicht ihren Spaß haben?

Heine

Doch! Ihren eigenen Spaß, wie wir ihn gerade eben auch hatten, nicht einen, für den sie teuer bezahlen müssen – und hinterher haben sie den Katzenjammer! Hören Sie noch meine Abrechnung mit den Siegern der Revolution, diesen Besitzbürgern! Lesen Sie sie vor – ich habe sie schon ins Reine schreiben lassen! Da liegt sie, auf dem Tisch, … unter dem Jehuda!

(Musik kommentiert mit Andeutungen, die dem Text entsprechen: Weihnachten, Familienglück, „Stiller Mond … “ Militärmusik, Feuerwerk, Liszt: ungarisch; Meeresbrausen, keine Trompeten! Dissonanzen; zu Nibelungen: verratzte Wagneranklänge bis zu „Es ist dasselbe Schicksal auch.“ Anklang der deutschen Nationalhymne – WM-Fassung? – oder gemütvolle Walzerklänge – Mathilde hängt Wäsche auf: Decken, in die „Heimatliches“ gestickt oder aufgenäht ist: alles Mögliche, was an die deutschen Lande erinnert; Weerth trinkt Champagner beim Lesen. Stimme und Heine wiederholen mal einen Vers oder ein Wort des Textes, lesen mal einen nationalen Sinnspruch von der Wäsche runter, summen oder singen mit oder tanzen: Text, Melodie, die gespielt wird; kurz sie machen Stimmung. Am Schluss doppelt Heine lautmalerisch und übertrieben die Worte des Textes: „Doch wir geraten … und grunzt.“)

Weerth
Im Oktober 1849

Gelegt hat sich der starke Wind,
Und wieder stille wird's daheime;
Germania, das große Kind,
Erfreut sich wieder seiner Weihnachtsbäume.

Wir treiben jetzt Familienglück –
Was höher lockt, das ist vom Übel –
Die Friedensschwalbe kehrt zurück,
Die einst genistet in des Hauses Giebel.

Gemütlich ruhen Wald und Fluss,
Von sanftem Mondlicht übergossen;
Nur manchmal knallt's – Ist das ein Schuss? –
Es ist vielleicht ein Freund, den man erschossen

Vielleicht mit Waffen in der Hand
Hat man den Tollkopf angetroffen

Es knallt. Es ist ein Fest vielleicht,
Ein Feuerwerk zur Goethefeier! –

Auch Liszt taucht wieder auf, der Franz,
Er lebt, er liegt nicht blutgerötet
Auf einem Schlachtfeld Ungarlands;
kein Russe noch Kroat' hat ihn getötet.

Es fiel der Freiheit letzte Schanz',
Und Ungarn blutet sich zu Tode –
Doch unversehrt blieb Ritter Franz,
Sein Säbel auch – er liegt in der Kommode.

Wenn ich den Namen Ungarn hör,
Wird mir das deutsche Wams zu enge,
Es braust darunter wie ein Meer,
Mir ist, als grüßten mich Trompetenklänge!

Es klirrt mir wieder im Gemüt
Die Heldensage, längst verklungen,
Das eisern wilde Kämpenlied –
Das Lied vom Untergang der Nibelungen.

Es ist dasselbe Heldenlos,
Es sind dieselben alten Mären
Die Namen sind verändert bloß,
Doch sind's dieselben „Helden lobebären".

Es ist dasselbe Schicksal auch –
Wie stolz und frei die Fahnen fliegen,
Es muss der Held, nach altem Brauch,
Den tierisch rohen Mächten unterliegen.

Und diesmal hat der Ochse gar
Mit Bären einen Bund geschlossen –
Du fällst; doch tröste dich, Magyar,
Wir andre haben schlimmre Schmach genossen.

Anständ'ge Bestien sind es doch,
die ganz honett dich überwunden;
Doch wir geraten in das Joch
Von Wölfen, Schweinen und gemeinen Hunden.

Das heult und bellt und grunzt –

Heine
Ich kann ertragen kaum den Duft der Sieger.

Stimme
Doch still, Poet, das greift dich an –
Du bist so krank, und schweigen wäre klüger.

Weerth
Mann, das ist ein starker Text! Das geht voll gegen's deutsche Gemüt; das wird Ihnen eine

ganze Nation noch mehr als ein Jahrhundert verübeln! Und Liszt auch!

(Nach „es ist das alte Schicksal" wälzt sich Mouche mit Kopf und Rumpf des Dichters zuerst geräuschlos, dann die Heinepuppe bzw. der Heinespieler wimmernd, dann ächzend und stöhnend – aber ohne von Weerth bemerkt zu werden – im Bett, würgend wie bei einem Würgeanfall; nach Mouches Bitte an Weerth geht dieser schnell raus, ohne seine Sachen mitzunehmen. Mathilde drängt Mouche weg und schimpft drauflos, damit der Besucher rasch verschwindet und kümmert sich allein um den Kranken; sie arbeitet wortlos, indem sie den würgenden Kopf über eine Schüssel hält, den Rumpf umklammert, die Stirn mit Tüchern befeuchtet, dann mit dem Messer eine Wunde öffnet, Blut abtupft und ein Pulver hineinstreut – alles sieht routiniert und alltäglich aus, bis Heines Stöhnen, Schweratmen und Würgen sich langsam beruhigt und Mouche wieder hereinkommt.)

Mouche

Bitte, Herr Weerth, kommen Sie raus, bis wir sehen, ob Heine Sie noch einmal empfangen kann – es geht ihm schlecht. (*Sie zieht Weerth durch die Tür, Mouche bleibt bei ihm stehen* .) Das ist gleich vorbei; es sind kurze Anfälle

Weerth

Soll ich nicht doch nun gehen?

Mouche

Nein, Mathilde versteht das nicht. Heine braucht keine Ruhe; sobald die Schmerzattacke vorbei ist, braucht er wieder Menschen um sich, … oder er arbeitet; ich habe den Eindruck, Ihre Anwesenheit tut ihm gut – er hat sich lange nicht mehr so angeregt, so kämpferisch und so lange unterhalten wie mit Ihnen.

Weerth

Auch wenn ich ihm widerspreche?

Mouche

Gerade dann! Er hasst Leute, die ihm nach dem Mund reden. Dann ist so ein Besuch rasch beendet. Außerdem braucht er Sie. Er will, dass Sie verstehen, worum es ihm geht, er will nicht, dass Sie seine Meinung übernehmen!

Weerth

„Die Freiheit der Meinung setzt voraus, dass man eine hat“ – ist das nicht von ihm? *(Mouche nickt)* Sie wissen gut über ihn Bescheid!

Mouche

Nein, … mehr als das: Ich liebe ihn

Weerth *(verwundert)*

Sie sind seine Geliebte?

Mouche

Er pflegt zwar zu sagen, er empfinde zwischen Seele und Hemd nichts mehr, aber das ist unwesentlich. Ich liebe ihn. Er hat eine erotische Ausstrahlung auf mich, die ich körperlich empfinde: ein Blick, ein paar Worte, seine Stimme – alles berührt mich – nicht nur seelisch! Ich träume von ihm, ich verbringe leidenschaftliche Stunden mit ihm.

Weerth

Leidenschaft in der Gruft?

Mouche *(böse)*

Machen Sie sich nicht lustig! Ich meine, was ich sage, Wort für Wort, wie ich es sage.

Weerth

Und Mathilde? Ist sie nicht eifersüchtig?

Mouche

Sicher, aber das kennt sie nicht anders. Heine hatte immer viele Frauen neben ihr; das ist jetzt nur wenig anders, … eigentlich überhaupt nicht.

Weerth

Bei mir ist das leider ganz und gar anders – ich liebe eine Frau: Betty … seit langem bin ich mit Leib und Seele an sie gefesselt. Ein schönes und geniales Weib. Drei Jahre habe ich sie in meinen Träumen geliebt, dann … Liebesschwüre, Heiratsanträge, alles habe ich versucht, … vergeblich! Sie hat mich abgewiesen … mit wahrer Eiseskälte … Mir ist die Lebenslust, die ich früher im Übermaß hatte, dadurch abhanden gekommen, und je mehr sie mir fehlt, desto weniger Liebe erfahre ich … ein Teufelskreis! … Ist das nicht tragisch … oder ist es komisch? … Heine würde es wohl als Ironie des himmlischen Spötters bezeichnen: Er, Heine, ist todkrank, körperlich ruiniert … und schöne Frauen lieben ihn unsterblich. Und ich, ich bin jung, gesund, wohlhabend und … für mein Herz nichts als der Sternenhimmel in den Tropen!

5. Bild

Heine

Mathilde, va chercher Monsieur Weerth, s'il te plait.

Mathilde

Non, on a necessaire maintenant un peu de repos.

Heine

Mathilde, s'il te plait!

(Mathilde geht und ruft durch die Tür; Weerth kommt rasch.)

Weerth

Geht es wieder, Herr Heine? … Sie sehen angegriffen aus.

Heine

Und Sie frösteln – auch in Paris ist der Februar kalt … Ich kann meinen Text: „Im Oktober 1849" kaum ertragen … Herr Weerth, ich schreibe, weil ich diesen Kräften, die sich in der Revolution in ganz Europa durchgesetzt haben: in Preußen und Österreich wie in Paris, diesen Nationalisten und liberalen Welteroberern, weil ich denen nicht kampflos das Feld räumen möchte.

Weerth

Sie? … Kämpfen? … Hier in Ihrer „Matratzengruft"? Als Sterbender – verzeihen Sie! – todkrank, gelähmt?

Heine *(das ach unterschiedlich aussprechend: jammernd, drohend, zynisch)*

„Aber, ach, ich bin unsterblich!" Ich zitiere mich selbst, ja, ach! Ich falle in dieser erbarmungslosen Schlacht, körperlich bin ich tot, doch falle ich unbesiegt – mein Herz ist gebrochen, nur mein Herz, ach! … Ich habe gebrochen mit dieser ganzen Brut … mit diesen ach! … Liberalen.

Weerth

Immerhin vertreten sie die Menschenrechte.

Heine (*sich hineinsteigernd)*

Ideale wie die Menschenrechte führen diese Besitzmenschen stets und gerne im Mund … Im Juni 48 habe ich hier in Paris erlebt, wie diese Klasse ihre Macht nutzte, um den Besitzlosen ein für alle Mal zu zeigen, dass der Weltgeist über sie und ihre Interessen hinweggeht – sie haben Tausende ermordet, sie haben das Pariser Proletariat in seinem Blut ertränkt, die Besten hingerichtet, zu lebenslanger Zwangsarbeit verurteilt, auf die Inseln deportiert: verfemt, verstoßen, gemartert, erschlagen, erhängt, vergast … Das ist ihre Botschaft für die Zukunft Europas und der Welt: Das Schlachtfeld!

(An dieser Stelle könnte der Dialog zur Unterstreichung der Traditionslinie unterbrochen werden durch das Lied der „Söhne und Töchter der Auschwitzopfer": „Marsch der Überlebenden", das diese alljährlich Ende Januar im Lager dort singen.)

Weerth

Für mich ist das der Grund, warum ich ihnen sagte: Wenn die Weltgeschichte den Leuten die Hälse bricht, da ist die Feder überflüssig.

Heine

Die Besitzenden selbst haben im Juni 48 entschieden, dass den „kleinen Leuten“ nur noch Sozialisten und Kommunisten bleiben im Kampf um Menschenrechte – das ist logisch zwingend; ebenso wie dass diese künftig die einzigen sind, die den gefährlichsten Feinden der Menschheit, den Nationalisten und Militaristen, entgegentreten werden. So sehr ich ihre Grobheit und ihre Kunstfeindlichkeit fürchte. Sie sind – und so widersprüchlich ist das – diese Atheisten sind die legitimen Nachfolger der Humanität der Religionen.

Weerth

Der Religionen?

Heine

Allerdings! Auf diesem Feld wird die Zukunft zuerst entschieden: Wenn es diesen Feinden der Menschheit gelingt, Demut und Schicksalsergebenheit als Inhalt der Religionen zu etablieren, statt die frohe Botschaft der Nächstenliebe und sozialen Gerechtigkeit! Wenn die Besitzenden diesen Kampf gewinnen, dann erst bin ich besiegt.

Weerth

Wie soll das passieren? Träumen Sie?

Heine

Ja, ich träume, dass die Besitzlosen selbst das tun; nur wenn sie ihre Sache in die eigenen Hände nehmen, wenn sie zu den Wurzeln ihrer Religionen zurückfinden – zu der soziale Botschaft des Moses zum Beispiel! … auf jeden Fall ist darin von einer Herrschaft der Besitzenden und einer Unterordnung der Besitzlosen nun – wahrlich! Ich sage euch – nicht die Rede. Ebenso wenig bei Jesus und schon gar nicht bei Mohammed, dem großen Sozialreformer der Araber. Es bleibt den Verlierern der Geschichte nur die Wahl: Entweder sie lernen ihre Interessen zu vertreten oder sie werden sich auf den Schlachtfeldern für „ihre" Nation, für die Nationen der Herrschenden, gegenseitig abschlachten.

Weerth *(ironisch)*

Und davor soll Ihre Romanzensammlung sie bewahren?

Heine

Meine Texte sollen in ihrem romantisch gefärbten Poesieschiff solche Botschaften als Schmuggelgut mit sich führen, das die Leser selbst entdecken und entschlüsseln. Ja, sie müssen Spaß haben, … nicht am Hofklatsch, sondern Spaß daran, herauszufinden, was hinter den Kulissen wirklich gespielt wird, und ihre Unterdrückung nicht hinzunehmen.

Mathilde

Henri, tes vetements sont trempés de sueur, tu as besoin de frais linge!

Heine

Gut, frische Wäsche! Das Lever der Königin! Mathilde, les mirroires du pavillon de flore!

(Heine wird während der Szene, in der die Spieler höfische Etikette zelebrieren, neu eingekleidet – er ist also die „Königin"; klar, dass alle kopflos sein müssen!)

Stimme

Wie heiter im Tuilerienschloss
Blinken die Spiegelfenster,
Und dennoch dort am hellen Tag
Gehen um die alten Gespenster.

Es spukt im Pavillon de Flor'
Maria Antoinette;
Sie hält dort morgens ihr Lever
Mit strenger Etikette.

Die Taille ist schmal, der Reifrock bauscht
Darunter lauschen die netten
Hochhackigen Füßchen so klug hervor –
Ach, wenn sie nur Köpfe hätten!

Sie haben alle keinen Kopf,
Der Königin selbst manquieret
Der Kopf, und Ihro Majestät
Ist deshalb nicht frisieret.

Ja, sie, die mit turmhohem Toupet
So stolz sich konnte gebaren,
Die Tochter Maria Theresias,
Die Enkelin deutscher Cäsaren,

Sie muss jetzt spuken ohne Frisur
Und ohne Kopf, im Kreise
Von unfrisierten Edelfraun,
Die kopflos gleicherweise.

Das sind die Folgen der Revolution
Und ihrer fatalen Doktrine;
An allem ist schuld Jean Jacques Rousseau,
Voltaire und die Guillotine.

Doch sonderbar! es dünkt mich schier,
Als hätten die armen Geschöpfe
Gar nicht bemerkt, wie tot sie sind
Und dass sie verloren die Köpfe.

Ein leeres Gespreize, ganz wie sonst,
Ein abgeschmacktes Scherwenzen –
Possierlich sind und schauderhaft
Die kopflosen Reverenzen.

Es knickst die erste Dame d'atour
Und bringt ein Hemd von Linnen;
Die zweite reicht es der Königin,
Und beide knicksen von hinnen

Die dritte Dam' und die vierte Dam'
Knicksen und niederknien
Vor ihrer Majestät, um Ihr
Die Strümpfe anzuziehen.

Ein Ehrenfräulein kommt und knickst
Und bringt das Morgenjäckchen;
Ein andres Fräulein knickst und bringt
Der Königin Unterröckchen.

Die Oberhofmeisterin steht dabei,
Sie fächert die Brust, die weiße,
Und in Ermangelung eines Kopfs
Lächelt sie mit dem Steiße.

Wohl durch die verhängten Fenster wirft
Die Sonne neugierige Blicke,
Doch wie sie gewahrt den alten Spuk,
Prallt sie erschrocken zurücke.

6. Bild

Weerth

Der lächelnde Steiß der Oberhofdame, Herr Heine! Marie Antoinettes lesbische Beziehung zu ihrer Oberhofdame – Sie wissen, dass das zum Verbot Ihres Buches führen wird! Campe wird das Buch trotzdem gut verkaufen … oder besser: ja, deshalb noch besser! Und ich, … ich habe nun Ihre neue Gedichtsammlung ein wenig kennen gelernt.

Mathilde

Maintenant, c'est fini! Monsieur Heine est très fatigué, n'est pas, Henri?

Heine

Ich bin keineswegs müde, nur ein wenig erschöpft; meine Stimme macht's nicht mehr lange, fürchte ich.

Weerth

Selbstverständlich, Herr Heine; Sie haben mir sehr viel Zeit gewidmet; dafür bin ich unendlich dankbar.

Heine

Das brauchen Sie nicht. Sie brauchen nur Erfolg bei Campe, … vielmehr ich brauche diesen Erfolg, … endlich! Das Buch muss auf den Markt! … *(Weerth lässt sich seinen Mantel geben.)* Nein, warten Sie, Herr Weerth!

Weerth

Herr Heine, keine Sorge! Ich werde Campe überzeugen! Ich habe verstanden, was das für ein Buch ist: Ich habe Sie im Sack! … Und werde Sie nach Hamburg verfrachten.

Heine

Mathilde, reprend son manteau!

Mathilde *(zögert)*

C'est necessaire, mon chérie! *(Weerth zieht seinen Mantel wieder aus.)*

Mouche

Mon chérie, mon chérie! Allez hopp!

Weerth

Was wünschen Sie noch, Herr Heine? *(Er legt den Mantel vor das Bett.)*

Heine

Eine Romanze sollten Sie noch kennen; sie enthält das ästhetische Programm meiner Dichtung. Sie ist sehr dunkel – im wörtlichen und im übertragenen Sinne. Sie heißt „Nächtliche Fahrt!" Sagen Sie das Campe nicht: In ihr wird die Schönheit vernichtet, die Schönheit, durch die die Kunst verkäuflich wird, gefällig, konsumierbar, … durch die sie satt macht statt widerständig, leicht verdaulich statt unerträglich!

(Leise, fast lustlos beginnt die Gitarre zu spielen, wie nach einer Melodie suchend … sie steigert sich parallel zum Text, bis zur fast nervtötenden Dissonanz zum Höhepunkt; Wenn der Geist nach „O Weh" verstummt, ist eine längere, nicht mehr nur nervtötende, aber laute und harte, Musikpassage zu hören. Die drei Gottesnamen spricht der Geist ohne Musikbegleitung. Heitere, aber nicht harmonische Jazztöne; Mathilde und die Mouche geben im Laufe der Szene mehr und mehr die Heinefigur an Weerth, der jedoch nur den Kopf immer fester umklammert; zum Höhepunkt des Textes [„O Weh!"] verlassen Mouche und Mathilde das Bett und verteilen auf der Bühne Wäsche usw. und die Teile der Heinefigur, das „Schlachtfeld" erinnernd. Heine – Geist – und Heine – Kopf – bleiben allein im Bett zurück.

Stimme

Es wogte das Meer, aus dem dunklen Gewölk
Der Halbmond lugte scheu;
Und als wir stiegen in den Kahn,
Wir waren unsrer drei

Heine

Kommen Sie nur heran, Herr Weerth, setzen Sie sich zu mir in den Kahn!

(Weerth setzt sich vorsichtig an den Bettrand, die Füße auf seinem Mantel.)

Stimme

Es plätschert im Wasser des Ruderschlags
Verdrossenes Einerlei;
Weißschäumende Wellen rauschten heran,
Bespritzten uns alle drei.

Der Mond verbirgt sich ganz. Es pfeift
Der Nachtwind kalt vorbei;
Hoch über unsern Häuptern ertönt
Plötzlich ein gellender Schrei.

Heine

Bin ich im Fieber? Ist das ein Spuk
Der nächtlichen Phantasei?
Äfft mich ein Traum? Es träumet mir
Grausame Narretei.

Grausame Narretei! Mir träumt,
Dass ich ein Heiland sei
Und dass ich trüge das große Kreuz
Geduldig und getreu.

Die arme Schönheit ist schwer bedrängt,
Ich aber mache sie frei
Von Schmach und Sünde, von Qual und Not,
Von der Welt Unfläterei.

(Heine spricht zur Stimme, fasst sie fest an.)

Du arme Schönheit, schaudre nicht
Wohl ob der bittern Arznei;
Ich selber kredenze dir den Tod,
Bricht auch mein Herz entzwei.

O Narretei, grausamer Traum,
Wahnsinn und Raserei!
Es gähnt die Nacht, es kreischt das Meer,
O Gott! O steh mir bei!

O steh mir bei, barmherziger Gott!
Barmherziger Gott Schaddey!
Da schollert's hinab ins Meer – o Weh –

(Die Stimme sinkt zu Boden, bleibt liegen zwischen den Sachen dort.)

Schaddey, Schaddey, Adonay! –

Die Sonne ging auf, wir fuhren ans Land,
Da blühte und glühte der Mai!
Und als wir stiegen aus dem Kahn,
Da waren wir unsrer zwei.

(Weerth verlässt ziemlich verwirrt das Bett, lässt den Kopf darin liegen, aber greift das eine und andere kleine Heineteil, stopft es in seinen Reisesack, holt seinen Mantel, Mathilde bringt ihm wortlos den Hut, und er verlässt die Stube mit einem hastigen Gruß.)

Weerth

Leben Sie wohl, Herr Heine! Ich hab' alles im Sack, ich …

Heine (*nach einer Pause, Weerth ist bereits weg, laut oder leise nachrufend:)*

Leben Sie wohl! Und vergessen Sie Campe nicht.

Vita Helmut Landwehr

- Geboren 1950 in Bad Mergentheim
- 1970-1976 Studium Germanistik und Politikwissenschaft in Heidelberg und Stuttgart
- Seit 1977 Lehrer für Deutsch, Literatur, Geschichte mit Gemeinschaftskunde, Ethik und Betriebliche Kommunikation an beruflichen Schulen, zur Zeit Max-Eyth-Schule Stuttgart
- Seit 1998 Lehrbeauftragter am Seminar für Didaktik und Lehrerbildung (Berufliche Schulen) Stuttgart, Fachdidaktik Deutsch
- 2000 Abschluss der Promotion zum Dr. phil. bei Prof. Dr. Joachim Bark, Universität Stuttgart, über Heines „Romanzero"
- Seit 2002 Fachberater Deutsch am RP Stuttgart (BS)
- Seit 2005 Fachleiter Deutsch am SSDL (BS) Stuttgart

Buchveröffentlichungen

- Sylvia Wanke – KunstSpielZeug. Über die Kunst zu spielen; über das Spiel mit der Kunst; über das Zeug, das Kunst wird und Spiel bleibt, Gelsenkirchen 1998
- Der Schlüssel zu Heines „Romanzero", Hamburg 2001, 283 Seiten POETICA – Schriften zur Literaturwissenschaft Bd. 56 (Volltext im Internet: http://www.verlagdrkovac.de/volltexte)
- Christoff Schellenberger – Wandlungen, Steinheim 2004

Theaterstücke

- romanzero.disparates. Uraufführung FITZ! Stuttgart, 4.10.2007 wanke.ensemble
- Carambolage. Ein Oskar für Schlemmer! Uraufführung FITZ! Stuttgart, 19.9.2008 wanke.ensemble (Kooperation mit figurentheater Tübingen)
- Die Freigänger. Ein Straßenszenario in vier bewegten Bildern. Uraufführung Naumburg, 7.5.2010, Regie/Szenografie: Sylvia Wanke
- Nosferatu. Ein Nachtstück. Uraufführung Theater Naumburg, 26.2.2011, Regie/Szenografie: Sylvia Wanke
- Die Zauberflöte oder die Jagd nach dem Hohen C. Vorstadtkomödie. Uraufführung Theater Naumburg, 1.10.2011, Regie/Szenografie: Sylvia Wanke